AF567789

Schlussabrechnung · (K)ein Kriminalroman
Hans Schaidinger

Hans Schaidinger

SCHLUSS ABRECHNUNG

(K)EIN KRIMINALROMAN

VERLAG ATTENKOFER

Bibliografische Information der Deutschen Nationalbibliothek: Die Deutsche Nationalbibliothek verzeichnet diese Publikation in der Deutschen Nationalbibliografie; detaillierte bibliografische Daten sind im Internet über dnb.dnb.de abrufbar.

Impressum

HERSTELLUNG & VERLAG
Cl. Attenkofer'sche Buch- und Kunstdruckerei
Verlagsbuchhandlung Straubing KG
Ein Unternehmen der Mediengruppe Attenkofer
Ludwigsplatz 32, 94315 Straubing

Printed in Bavaria · Germany

Autor: Hans Schaidinger
Fotos: Stadt Regensburg, Peter Ferstl
Titel: © tofutyklein– stock.adobe.com

BUCHEIGENSCHAFTEN
Gesetzt in einer klassischen Antiqua-Schrift, der ITC Slimbach von Robert Slimbach (1987) in der Größe 10 Punkt. Gedruckt auf einem edlen und lesefreundlichen Papier Fly 05 und als Hardcover im Format DIN A5 gebunden.

ISBN: 978-3-947029-63-1
www.verlag-attenkofer.de

Hören Sie auch unseren Podcast zum Buch auf Spotify.

Zur besseren Lesbarkeit wird in diesem Buch häufig das generische Maskulinum verwendet. Die verwendeten Personenbezeichnungen beziehen sich – sofern nicht anders kenntlich gemacht – auf alle Geschlechter.

INHALT

„Die Geradheit wird am ersten krumm genommen."

Dr. Josef Recla, österr. Bibliograph

VORWORT

Schlussabrechnung! – Der Titel dieses Buches klingt provokant und konfrontativ. Beides steht nicht im Vordergrund. Es gibt für die Überschrift nämlich einen speziellen Bezug.

Mitten in den jahrelangen Verfolgungsmaßnahmen von Staatsanwaltschaft und Kriminalpolizei Regensburg gegen mich gab am 24. Februar 2019 Gertrud Maltz-Schwarzfischer, damals 2. Bürgermeisterin Regensburgs, in Vertretung des vom Amt suspendierten Oberbürgermeisters zu meinem 70. Geburtstag einen Empfang. Sie hat sich in ihrer Ansprache deutlich dahingehend positioniert, dass sie hoffe, dass ich aus dieser Sache unbeschadet hervorgehen werde. *„Ich hoffe für Sie und für unsere Stadt sehr, dass sich alles aufklären lässt und sich die Zweifel an ihrer Amtsführung ausräumen lassen."* Das war schon recht deutlich formuliert, sie hätte sich durchaus unverbindlicher äußern können, aber gerade wegen der Deutlichkeit habe ich mich über diese Äußerung sehr gefreut.

Die Präsenz der Presse bei diesem Termin war sicher weniger meinem runden Geburtstag geschuldet als vielmehr der Erwartung, wenigstens bei dieser Gelegenheit etwas „aufschnappen" zu können, nachdem ich mich in dieser ganzen „Korruptionsaffäre" auf Anraten meiner Anwältin im Gegensatz zu anderen Betroffenen gegenüber der Öffentlichkeit mit keinem Wort geäußert hatte. Zur Enttäuschung nicht Weniger behielt ich auch bei dem Empfang mein Schweigen in der Sache bei. Es gab zu dem Thema in meiner Ansprache nur zwei Sätze von mir: *„Aber das, was mir eine mit mangelhafter Allgemeinbildung und Unkenntnis der bayerischen Kommunalverfassung ausgestattete und recherche-averse Kripo andichten wollte und die Staatsanwaltschaft sehr verzögernd erledigt,* *wird auch einmal zu einem Ende kommen. Dann steht fest, was Sache ist, nicht vorher; auch wenn sich die größten Vorverurteiler, die in den Medien und der eigenen Partei zu finden sind, anders äußern: zum Schluss wird abgerechnet.“*

Dieser Zeitpunkt ist jetzt, nachdem alle Verfahren eingestellt sind und ich auch etwas Abstand zu den Vorgängen gewinnen konnte.

Bevor es in medias res geht, scheinen mir einige Vorbemerkungen sinnvoll zu sein:

In den ersten Tagen nach meinem Amtsantritt im Mai 1996 konfrontierte ich meine Familie mit meiner Überlegung, dass ich, solange ich in Regensburg Oberbürgermeister wäre, auf keinen Fall in Regensburg eine Eigentumswohnung oder ein Haus kaufen wolle. Wir lebten mit der Familie seit 1984 in unserem Haus in Regensburg und ich wollte für meine Amtszeit sichergehen, dass ich nicht wegen eines Immobilienkaufs eine zu große Nähe zu einem Immobilieninvestor oder Bauträger eingehen musste. Ich wollte mir selber nicht vorhalten müssen, hinsichtlich des Preises und der Konditionen eines Immobilienerwerbs mit einem Bauträger, mit dem ich dienstliche Berührungspunkte nicht vermeiden konnte, in Verhandlungen um günstige Konditionen treten zu müssen.

Ich hatte mir auch vorgenommen, mich, solange ich Oberbürgermeister bin, nicht aktiv in eine Wahlkampffinanzierung einzuschalten und vor allem, nicht selbst um Parteispenden für einen Wahlkampf zu werben.

Wenn man sich um viele Dinge intensiv kümmern muss und dabei frei bleiben will von Einflüssen, die einem die Übersicht und die Unabhängigkeit bei den dienstlichen Entscheidungen nehmen können, dann gibt es nur eine Lösung: Distanz schaffen und Distanz halten. Distanz zu den Themen, damit man den Überblick behalten und das Für und Wider einer Entscheidung unbefangen abwägen kann und Distanz zu Personen, damit man bei seinen Entscheidungen nicht unbewusst oder sogar bewusst fremden Einflüssen oder sogar persönlichen Abhängigkeiten ausgesetzt ist.

So habe ich es denn auch in Bezug auf beide Vorsätze während meiner ganzen Amtszeit gehalten. Nicht jedem, der gerne ein freundschaftliches Verhältnis mit mir neu aufbauen wollte, war das recht. Ich fand es trotzdem notwendig und war überzeugt davon. Natürlich habe ich keine Freundschaften aus früheren Zeiten bewusst beendet; aber die Tatsache, dass bei Freunden aus früherer Zeit das Wort umging, dass *„... der Hans bei dienstlichen Themen freundschaftsresistent sei, ...“* zeigt, dass ich meine Einstellung wohl gut umsetzen und durchhalten konnte.

Dass mich diese Überzeugung und das darauf basierende Verhalten nicht davor bewahren würde, einer insgesamt dreieinhalb Jahre währenden Verfolgung wegen angeblicher Korruptionsstraftaten ausgesetzt zu sein, hätte ich mir niemals träumen lassen.

(Fast) jeder, der dieses Buch liest, wird wohl denken, das nachfolgend Beschriebene sei ein Einzelfall; für sich betrachtet schlimm genug, aber eben eine große Ausnahme. Während der Ereignisse, als ich mich zunächst über die Vorgänge wunderte, nach und nach aber nicht mehr wundern konnte, habe auch ich gedacht, ich sei halt Gegenstand von Abläufen, die es nur ausnahmsweise und dementsprechend selten gäbe. Eine bloße Verkettung unglücklicher Abläufe und Umstände. Auf den ersten Blick keine unvernünftige Einschätzung. Aber auch die Realität?

Während ich an diesem Buch schrieb, unterhielt ich mich zufällig mit einer Person über die hier beschriebenen Ermittlungen, mit der ich fast vier Jahre keinen näheren Kontakt gehabt hatte, und erkundigte mich nach ihrer Gesundheit, nachdem ich wusste, dass es bei meinem Gesprächspartner vor mehr als drei Jahren ein gesundheitliches Problem gegeben hatte. Zu meinem größten Erstaunen erfuhr ich, dass es im Rahmen des gesamten Komplexes „Korruption in Regensburg“ auch Ermittlungen gegen diese Person in Regensburg gegeben hatte. Sie musste das gesamte Arsenal von überfallartiger Hausdurchsuchung am Arbeitsplatz über „druckvoll“ geführte Vernehmungen bis hin zu lange in der Schwebe gehaltenen Ergebnissen erleiden mit der Folge, dass es zu einem massiven gesundheitlichen Zusammenbruch kam, mit vielen Krankheitswochen. Das Ergebnis der Ermittlungen bei dieser Person: eine weiße Weste und entsprechende Verfahrenseinstellungen. Auch diese Person denkt heute über den Umgang der damals tätigen Behörden mit den Fakten und deren Umgang mit der Ehre von Staatsbürgern sehr, sehr kritisch.

Wer jetzt meint, na gut, das sind jetzt halt zwei Mal Verhältnisse, die es so nicht geben sollte, aber zwei Mal ist immer noch nicht oft, für den habe ich nach der Schilderung meiner Erlebnisse im Epilog noch einige Hinweise, die letztlich doch zum Nachdenken veranlassen sollten über die Frage, ob die Arbeitsweise der Strafverfolgungsbehörden in diesem Land nicht doch einer grundlegenden Revision unterzogen werden müsste. Vor allem aber dazu, wie mit den Grundrechten von Menschen umgegangen wird, die der Verfolgung durch Staatsanwaltschaft und Polizei ausgesetzt sind.

Noch eine Vorbemerkung: In diesem Buch wird in aller Deutlichkeit zwischen den Staatsanwaltschaft (Teil der Exekutive) und Gerichtsbarkeit (Judikative) differenziert. Wir wissen ja alle seit unseren ersten Unterrichtsstunden im Fach „Sozial- und Staatsbürgerkunde“, dass für eine rechtsstaatlich organisierte Demokratie die strikte Teilung der Staatsgewalten zwischen Legislative (Gesetzgebung), Exekutive (vollziehende Gewalt) und Judikative (Rechtsprechung) grundlegend wichtig ist, damit eine gegenseitige Kontrolle zum Schutz der Bürgerinnen und Bürger und zum Funktionieren des Staates gewährleistet ist.

In der Alltagspraxis darf man die Wirksamkeit und Funktionalität dieser strikten Trennung gerade in Deutschland, das sich sehr viel auf seine Rechtsstaatlichkeit einbildet, durchaus mit einigen Fragezeichen versehen.

Eine begriffliche Unschärfe entsteht schon dadurch, dass der Begriff „Justiz“ sowohl Teile der Exekutive als auch der Judikative umfasst. Staatsanwaltschaften und Kriminalpolizei sind Teile der Exekutive; die Kriminalpolizei gehört zum Geschäftsbereich des Innenministeriums, die Staatsanwaltschaft zum Geschäftsbereich des Justizministeriums. Beide gehören also zum Behördenaufbau der Staats- (bzw. Landes-)verwaltung. In diesen Behörden sind alle Mitarbeiter weisungsgebunden.

Auch die Gerichte gehören zur „Justiz“. Aber nur Richter haben eine richterliche Weisungsunabhängigkeit!

Dass meistens Staatsanwaltschaften und Gerichte die gleiche Anschrift und den gleichen Briefkasten haben, mag im Hinblick auf den hohen Stellenwert der rechtsstaatlichen Gewaltenteilung eher eine nebensächliche Kleinigkeit sein. Dass die oberste Verwaltungsebene der Staatsanwaltschaft im gleichen Ministerium sitzt wie die Verwaltung der Gerichte und des Gerichtspersonals und dieses Ministerium über die Versetzung von Staatsanwälten an Gerichte und umgekehrt (auch unter dem Aspekt der Karriereförderung) entscheidet, ist schon keine Kleinigkeit mehr. Zudem findet in Bayern – anders als in anderen Bundesländern – ein regelmäßiger Wechsel zwischen den Staatsanwaltschaften und den Gerichten statt. Man kennt sich, und man schätzt sich. Ist es deshalb besonders verwunderlich, wenn Ermittlungsrichter bei Beschlüssen über Hausdurchsuchungen – immerhin ein massiver Eingriff in eines der Grundrechte eines jeden Bürgers – möglicherweise nicht kritisch genug sind?

Trotzdem sei hier vorab klargestellt, dass ich mich in den folgenden Berichten und Einschätzungen ausdrücklich nicht mit der Gerichtsbarkeit befasse! Ganz einfach deswegen, weil ich in meinen Ermittlungsverfahren niemals unmittelbar und auch mittelbar nur ganz am Rande mit einem Gericht in Berührung gekommen bin, auch wenn Ermittlungsrichter, die ihre Aufgaben ernst genommen hätten, viele Abläufe aktiv hätten beeinflussen können. Und wäre das nicht sogar ihre Pflicht bzw. die Idee des Gesetzgebers gewesen? Immerhin geht es um den Schutz elementarer Grundrechte. Deswegen gibt es auch nur am Rande einmal eine Einschätzung über ein Gerichtsthema.

Noch eine Vorbemerkung: Es geht mir in diesem Buch nicht darum, bestimmte Personen aus der Kriminalpolizei, der Staatsanwaltschaft und der Gerichtsbarkeit an den Pranger zu stellen. Es geht mir ausschließlich darum, Mängel in der Arbeit dieser Behörden und Gerichte und ihrer Mitarbeiter aufzudecken in der Hoffnung, Anregungen zu geben, dass solche Mängel vermieden und abgestellt werden. Deshalb werden keine Namen von Personen aus diesen Behörden und Gerichten genannt. Natürlich sind die Fehler in diesen Verfahren von Menschen gemacht worden und individuell zuordenbar – schlimm genug. Aber viel schlimmer ist, dass diese Fehler durch die Arbeitsprozesse in diesen Behörden erst möglich und perpetuiert werden – deshalb kommt es auf die Namen einzelner Personen gar nicht an.

„Das Einzige, was niemand glauben will,
ist die Wahrheit!"

George Bernard Shaw

DER BEGINN

Um die Jahresmitte 2016 gibt es einen Sturm in der Presse – am Anfang kann man nicht genau einschätzen, ob es ein Sturm von Informationen oder eher von Mutmaßungen und Gerüchten ist. Es geht um die Vergabe eines Bauareals und damit möglicherweise verbundene Straftaten, die im zeitlichen Zusammenhang mit dem Kommunalwahlkampf 2014 in Regensburg geschehen sein sollen. Der seit dem 1. Mai 2014 amtierende Oberbürgermeister Wolbergs ist nicht der Einzige, der von diesem Vorgang betroffen ist, aber mit Sicherheit der Prominenteste. Ich nehme diese Vorgänge und die Presseberichterstattung darüber distanziert wahr, weil das Verfahren und der Stadtratsbeschluss, die zur Vergabe von Bauarealen in der ehemaligen Nibelungenkaserne in Regensburg geführt haben, nach meiner Amtszeit stattgefunden haben und der Kommunalwahlkampf 2013/14 und dessen Finanzierung ohne meine Beteiligung stattfand.

Interessanter wird es für mich erst, als ich am 10. August 2016 einen Brief vom Redaktionsleiter des „Regensburger Wochenblatts“ aus dem Briefkasten hole. Er schreibt, dass ihm im Zusammenhang mit Recherchen zum Themenkomplex „sogenannte Spendenaffäre“ Dokumente bekannt geworden seien, die insbesondere Tätigkeiten meinerseits nach dem Ende meiner Amtszeit am 30. April 2014 beträfen. Es folgen 13 Fragen, die sehr dezidierte Kenntnisse von Informationen belegen, die nur sehr wenige Personen haben können. Ich kann mir zu diesem Zeitpunkt überhaupt nicht vorstellen, wie solche Informationen an ein Presseorgan gelangen konnten. Erst sehr viel später, nach der umfassenden Einsichtnahme in meine Ermittlungsakte, kann ich mir einen Reim auf diese „Presseanfrage“ machen.

Wie in meinem ganzen Berufsleben, halte ich auch in Bezug auf diese Anfrage Berufliches/Dienstliches und Privates streng getrennt. Weil der Fragenkatalog des Wochenblatts überwiegend meine privaten Angelegenheiten betrifft, wird er nicht beantwortet.

Erst viel später erfahre ich, dass die Staatsanwaltschaft Regensburg damals schon gegen mich ein Vorermittlungsverfahren (Aktenzeichen 152 AR 1055/16) eingeleitet hatte, weil bei einer Hausdurchsuchung am 14. Juni 2016 in der Wohnung eines früheren Geschäftsführers der BTT Bauteam Tretzel GmbH Kopien von fünf Rechnungen von mir an Bauteam Tretzel GmbH gefunden wurden. Das kann ich zu dem Zeitpunkt der Presseanfrage nicht wissen, weil ein Vorermittlungsverfahren dem Betroffenen nicht mitgeteilt werden muss.

Interessant ist aber, dass zwar ich nichts von diesem Ermittlungsverfahren wusste, andere aber wohl schon. Am 31. August 2016 erscheint nämlich ein Artikel im Regensburger Wochenblatt, einige Tage später zieht die Süddeutsche Zeitung nach. Beide Artikel enthalten Fakten, die vom Inhalt her unproblematisch sind, bei denen sich nur die Frage stellt, wer sie durchgestochen hat. Diese unproblematischen Fakten sind aber vermischt mit unbewiesenen Vermutungen und Verdächtigungen. Woher das alles stammt, erfahre ich zu diesem Zeitpunkt nicht.

Ich erfahre auch nicht, dass die Staatsanwaltschaft Regensburg am 30. November 2016 dieses Vorverfahren unter dem Aktenzeichen 152 Js 30999/16 in ein Ermittlungsverfahren überführt und mich ab diesem Zeitpunkt als Beschuldigten führt.

Am 9. Dezember 2016 unterschreibt der zuständige Ermittlungsrichter am Amtsgericht Regensburg zwei Durchsuchungsbeschlüsse, die sich auf mein Wohnhaus und Räumlichkeiten der Motorfluggruppe Regensburg e.V. beziehen, deren 1. Vorsitzender ich zu diesem Zeitpunkt bin. Die Begründung für die Beschlüsse eröffnet die Liste phantasievoller und wilder Spekulationen, die dieses Verfahren prägen werden. Am Interessantesten ist aber zu dem Zeitpunkt, dass der Grund für die Hausdurchsuchung Ermittlungen gegen mich wegen angeblicher Bestechlichkeit (§ 332 Abs. 1, Abs. 3 Nr. 2 StGB) sind.

Erst als im weiteren Verlauf des Verfahrens kaum noch von Bestechlichkeit, überwiegend nur noch von Vorteilsannahme (§ 331 StGB) die Rede ist, beginne ich, über die Umstände und Folgen dieser Veränderung zu recherchieren und stoße auf höchst interessante Dinge, die ein Licht darauf werfen, wie Strafverfolgungsbehörden, in diesem Fall sogar unter Einbeziehung eines Gerichtsorgans – dem Ermittlungsrichter – mit dem Recht umgehen.

In § 100a der Strafprozessordnung (StPO) ist unter Abs. (1) Nr. 1 in Verbindung mit Abs. (2) Nr. 1. v) geregelt, dass von allen Korruptionsstraftaten nur bei Bestechung und Bestechlichkeit eine Telekommunikationsüberwachung und -aufzeichnung ohne Wissen des Betroffenen zulässig ist. Bei Vorteilsgewährung und Vorteilsannahme gibt es diese Möglichkeit nicht. Kurz und knapp gesagt: Egal, ob man überhaupt Fakten hat – und wenn ja, welche – wenn man jemanden abhören will, muss man wegen Bestechung und Bestechlichkeit ermitteln, weniger reicht nicht! Nachdem bekannt ist, dass bei diesem gesamten Verfahrenskomplex sehr viel und bei sehr vielen Personen abgehört wurde, darf man schon vermuten, dass dieser Aspekt bei der Formulierung des Antrags der Staatsanwaltschaft an den Ermittlungsrichter bedacht wurde.

Es lohnt sich, im Licht der vorstehenden Bemerkungen der Frage nachzugehen, wann die Strafverfolgungsbehörden welche Beschuldigungen in der Anfangsphase der Ermittlungen gegen mich erheben.

- Die Kriminalpolizei hat einen ersten Bericht am 6. September 2016 an die Staatsanwaltschaft übergeben; darin spricht sie von Vorteilsannahme.
- Die erste Verfügung der Staatsanwaltschaft vom 13. September 2016 spricht ebenfalls von Vorteilsannahme.

- In einem Schreiben der Staatsanwaltschaft an die Sparkasse Regensburg vom 3. November 2016 wird immer noch die Vorteilsannahme als möglicher Tatbestand erwähnt.
- In einem Zwischenbericht der Kriminalpolizei an die Staatsanwaltschaft am 24. November 2016 wird auch immer noch Bezug genommen auf Vorteilsannahme.
- Erstmals in einer Verfügung der Staatsanwaltschaft am 30. November 2016 wird auf den Vorwurf der Bestechlichkeit „umgestellt", interessanterweise nur zwei Tage vor dem Antrag auf einen Durchsuchungsbeschluss an den Ermittlungsrichter! Aus der Ermittlungsakte sind in diesem Zeitraum keine Ermittlungshandlungen ersichtlich, die diese „Umstellung" begründen könnten!

Aus diesem Ablauf darf man sicher Schlussfolgerungen ziehen, aber die möchte ich dem Leser überlassen! Was steckt hinter der aus der Akte nicht erklärbaren Veränderung des Straftatbestandes? Was hat man sich alles überlegt, um zu einer Ermächtigung zu kommen, meine Telekommunikation überwachen (schlicht: abhören) zu dürfen? Das weiß man als Betroffener natürlich in dem Moment noch nicht. Meine Telefonanschlüsse – und auch Telefonanschlüsse, die ausschließlich auf meine Frau laufen – wurden vom 19. Dezember 2016 bis zum 7. Juni 2017 abgehört. Wenn man unterstellt, dass das Landeskriminalamt für die technische Vorbereitung einige Zeit benötigt, kann man an der Terminabfolge gut ablesen, dass den Strafverfolgungsbehörden das Abhören, ja das schnelle Abhören sehr wichtig war – wichtiger als die Hausdurchsuchung, für die man sich deutlich mehr Zeit gelassen hat. Dieser ganze Ablauf unterstützt die Vermutung, dass man sich sehr sicher gewesen sein muss, etwas sehr Bösem auf der Spur zu sein und dabei auch großzügig in der Interpretation der Fakten und der tatbestandlichen Einordnung war. Hat es damit zu tun, dass man sich später mit der Gewährung von Akteneinsicht sehr viel Zeit gelassen hat?

Nachdem der Ermittlungsrichter nach Abwägung der jeweiligen Interessen und hoffentlich nach zumindest oberflächlicher Prüfung der objektiven Verdachtsmomente auch in dem Durchsuchungsbeschluss gegen mich vermerkt hat: „Die angeordnete/n Maßnahme/n steht/stehen in angemessenem Verhältnis zur Schwere der Tat und zur Stärke des Tatverdachts und ist/sind für die Ermittlungen notwendig." darf man getrost vermuten, dass ein Hausdurchsuchungsantrag wegen einer „Katalogstraftat" (siehe den vorhin erwähnten Katalog „schwerer" Straftaten) beim Ermittlungsrichter im Zweifelsfall die Neigung, einen solchen Antrag auch zu unterschreiben, positiv befördert.

Geschlagene 41 Tage später, am 19. Januar 2017, sitze ich in der Mittagszeit im Auto auf dem Weg zu einer Ausschusssitzung des BR-Rundfunkrats in München. Ich bin kurz vor dem Autobahnkreuz Eching, als mein Mobiltelefon läutet. Ich nehme über die Freisprechanlage ab und ein Kriminalhauptkommissar (KHK) der Kriminalpolizeiinspektion Regensburg teilt mir mit, dass man einen Hausdurchsuchungsbeschluss habe und mit dem notwendigen Personal vor meiner Grundstückseinfahrt stünde; auf das Klingeln aber niemand öffne.

Im Nachhinein habe ich mich gewundert, dass ich in diesem Moment relativ ruhig geblieben bin. So biete ich an, an der nächsten Autobahnausfahrt umzudrehen und nach Regensburg zurückzukehren. Der KHK sichert mir zu, zu warten und in der Zwischenzeit keine weiteren Maßnahmen zu ergreifen. Natürlich überlege ich nach diesem Moment fieberhaft, was in der Zeit, bis ich zuhause bin, zu tun ist. Klar ist: Ich brauche anwaltlichen Beistand. Deshalb halte ich kurz auf einem Autobahnparkplatz, um eine Anwältin anzurufen, die mich mehrfach in meiner Dienstzeit als Oberbürgermeister bei Vernehmungen, denen ich als Zeuge – nicht als Beschuldigter! – Folge leisten musste, als Zeugenbeistand begleitet hat. Wie es in solchen Fällen passiert, war diese Anwältin in einem Termin und nicht erreichbar. Aber immerhin hat mich ein Kanzleikollege kurz darauf zurückgerufen und mir einige Hinweise gegeben, die selbstverständlich erscheinen, die man bei so einer Anspannung aber nicht per se auf dem Schirm hat:

- freundlich, aber nicht devot auftreten,

- nicht drängeln lassen, sich Zeit für die sorgfältige Durchsicht des Durchsuchungsbeschlusses ausbitten,
- sich zurückhaltend kooperativ, aber nicht eilfertig verhalten,
- keine Aussagen zu den Beschuldigungen machen,
- keine Fragen beantworten,
- keine Unterlagen etc. freiwillig herausgeben,
- weder der Hausdurchsuchung noch der Mitnahme von Unterlagen oder Gegenständen zustimmen.

Die Hausdurchsuchung verlief förmlich, manche Suchvorgänge sind mir als nicht nachvollziehbar erinnerlich, manche Überlegungen der Beamten, bestimmte Dokumente schnell und ohne nähere Betrachtung beiseite zu legen, auch.

Ich habe diesen massiven Eingriff in meine Privatsphäre wegen der Spannung, unter der man wohl unweigerlich in dieser Situation steht, relativ gelassen über mich ergehen lassen. Erst in den Tagen danach ist mir der massive Grundrechtseingriff so richtig bewusst geworden.

Unsere Katze hat da viel schneller reagiert. Sie war im Wohnbereich, als ich Staatsanwaltschaft und Kriminalpolizei eingelassen habe. Schon nach einigen Minuten hat sie das Rückenfell aufgestellt, geknurrt und wollte nur noch raus, um nicht länger mit dem Durchsuchungspersonal in einem Raum sein zu müssen.

Ich komme an dieser Stelle nochmal auf die vorhin entwickelten Fragestellungen hinsichtlich der Verschärfung des Beschuldigungsvorwurfs von Vorteilsannahme auf Bestechlichkeit zurück. Es ist in diesem Zusammenhang schon sehr bemerkenswert, fast schon peinlich, wie „konsequent" die Etiketten ausgefüllt wurden, die unmittelbar nach der Durchsuchung von der Kriminalpolizei auf den Asservaten angebracht wurden. Da ist als Delikt nicht Bestechlichkeit, sondern Vorteilsannahme vermerkt! Man könnte es auch so sehen: Wer bei seiner Arbeit Fehler macht, der macht auch solche Fehler.

Am Tag darauf werde ich bei einem länger vereinbarten Erfahrungsaustausch ehemaliger Oberbürgermeisterkolleginnen und -kollegen, nachdem ich von den Ereignissen des Vortrags berichtet hatte, von einem Teilnehmer drauf verwiesen, dass ich mit Sicherheit mit einer Telefonüberwachung zu rechnen hätte, wenn diese Maßnahme nicht sogar schon vorher eingeleitet worden sei. Ich kann mir das gar nicht vorstellen – unter anderem deswegen, weil ich zu diesem Zeitpunkt noch nicht weiß, was eine „Katalogstraftat" ist und wie es zu dem Tatvorwurf „Bestechlichkeit" kommt (siehe oben).

Unmittelbar nach der Hausdurchsuchung beauftrage ich Frau Dr. von Stetten (Kanzlei von Máriássy, Dr. von Stetten, München) mit meiner anwaltlichen Vertretung. Einige Tage später führe ich zusammen mit meiner Frau ein erstes ausführliches Gespräch mit ihr; alle Aspekte, die einschlägig sein könnten, werden ausführlich erörtert. Am Schluss äußere ich meine Erwartung, dass Frau Dr. von Stetten mich „komplett aus dieser Sache rausholt." Ganz lebendig ist noch meine Erinnerung an meine Enttäuschung darüber, dass meine Anwältin sich nach meinem ausführlichen Vortrag zu den Vorhaltungen der Staatsanwaltschaft zunächst auf gar nichts festlegt. Sie verweist auf die Akteneinsicht und die Absicht, sich erst nachher auf eine Einschätzung des Sachverhalts und der Zielsetzung für meine Verteidigung einzulassen. Es dürfte verständlich sein, dass man in einer solchen Situation etwas anderes erwartet.

Heute bin ich ihr dankbar für diese anfängliche Zurückhaltung. Man lernt daraus, eine gewisse Distanz zum Sachverhalt zu entwickeln, welche die Einschätzung der Fakten erleichtert. Auch wenn das am Anfang schmerzlich sein mag, weil naturgemäß zunächst offen bleibt, in welche Richtung sich das Verfahren entwickeln mag. Heute weiß ich, dass diese Vermeidung einer vorzeitigen Festlegung eigentlich ein Beleg für die Arbeitsqualität der Anwältin war, die sich nicht durch vorzeitige Festlegungen selbst Fesseln für die umfassende Würdigung des Sachverhaltes anlegen wollte.

Ich habe mir in der Folge diese Offenheit selbst auch auferlegt; meine Einstellung zu diesem Verfahren zu diesem Zeitpunkt war: Ich weiß definitiv, dass ich nicht absichtlich oder aus grober Fahrlässigkeit ein Korruptionsdelikt begangen habe; sollte es aus Unachtsamkeit oder Duseligkeit doch der Fall gewesen sein, so muss ich halt und werde dafür geradestehen. Sollte sich der Vorwurf aber als falsch herausstellen, werde ich um meine Rehabilitation kämpfen.

Das Vorstehende klingt aus heutiger Sicht einfach und lapidar, ich glaube aber, man kann sich vorstellen, was in einer solchen Zeit in einem vorgeht. Wenn man beschäftigt oder abgelenkt ist und eine robuste psychische Konstitution hat, dann ist das schon auszuhalten. Wenn man aber nachts wach wird und über Stunden nicht mehr einschlafen kann, weil einem solche Vorwürfe und die Umstände des Verfahrens immer und immer wieder im Kopf herumgehen, dann sieht die Sache schon anders aus.

Und so begannen drei ereignisreiche Jahre, in denen ich manches gelernt und erlebt habe, was ich mir niemals hätte träumen lassen.

„Die Phantasie trainiert man am besten durch juristische Studien.
Kein Dichter hat jemals die Natur
so frei ausgelegt wie Juristen die Gesetze."

Jean Giraudoux, frz. Schriftsteller

NOMEN EST OMEN? DIE NIBELUNGENKASERNE

Wie man sehen wird, war dieses Thema durchaus leidvoll für mich. Heute – mit gehörigem Abstand – kann ich schon wieder schmunzeln über die Tatsache, dass etwas, was mit den Nibelungen zu tun hat, ja wohl schon fast zwangsläufig schicksalshafte Züge annehmen musste.

Worum ging es? Staatsanwaltschaft und Kriminalpolizei Regensburg beschuldigten mich, bereits vor der städtischen Ausschreibung zusammen mit Herrn H. (Stadtrat, SPD) und Herrn S. (Stadtrat, CSU) mit dem Geschäftsführer von BTT (Bauteam Tretzel GmbH) verabredet zu haben, dass BTT die Wohnungsbauareale der ehemaligen Nibelungenkaserne von der Stadt kaufen kann. Hierzu sollte ich das Ausschreibungs- und Vergabeverfahren entsprechend beeinflusst und die Stadtverwaltung zu einem entsprechenden Verfahrensergebnis gebracht haben. Als Gegenleistung sollte ich zum Zeitpunkt dieser Verabredung – also noch während meiner Dienstzeit als Oberbürgermeister – das Angebot eines kostenlosen Törns mit einer Segelyacht und einen Beratervertrag mit der BTT bekommen und angenommen haben.

An dieser Stelle wird ein mit den ganzen Verfahren einigermaßen vertrauter Leser bemerken: Aber den Beratervertrag hat es ja tatsächlich gegeben! Das trifft zu, dazu später mehr. Wichtig hierzu ist jedoch an dieser Stelle die Information, dass dieser Beratervertrag erst nach dem Ende meiner Dienstzeit zwischen der Geschäftsführung von BTT und mir überhaupt besprochen und erst im September 2014 abgeschlossen wurde. Von daher ist es unzweifelhaft so, dass dieses Thema bei dem städtischen Verfahren für die Baugrundstücke in der Nibelungenkaserne keine Rolle gespielt haben kann.

Wie lief der Vorgang wirklich ab? Im Jahre 2011 hatte die Stadt Regensburg das Areal der ehemaligen Nibelungenkaserne (ca. 40 ha, attraktive Stadtlage an der Galgenbergstraße unmittelbar neben dem Universitäts- und Hochschulcampus) von der Immobilienverwaltung des Bundes gekauft. Bereits vorher hatte die Stadt mit Planungsüberlegungen begonnen, auf diesem Areal Gemeinbedarfsflächen (Berufliche Schulen), Gewerbeflächen für hochschulnahe Innovationsbetriebe und Wohnbauflächen zu entwickeln, wobei es für letztere aufgrund der sich abzeichnenden Engpässe auf dem Wohnungsmarkt auch eine besondere Dringlichkeit gab. Deswegen wurde das Areal seitens des städtischen Planungs- und Baureferats nach dem Erwerb mit Hochdruck beplant, um die Flächen zügig verfügbar zu machen.

Etwa um die Jahresmitte 2013 stand fest, welche Wohnbauflächen unter noch detailliert festzulegenden Zielsetzungen zur Bebauung an geeignete Interessenten veräußert werden sollten. Ich habe zu diesem Zeitpunkt die Koalitionsfraktionen CSU und SPD wegen meines feststehenden Ausscheidens aus dem Amt zum 30. April 2014 gefragt, ob Ausschreibung und Vergabe noch in der am gleichen Tag endenden Stadtratsperiode erfolgen sollten oder ob sie dieses umfangreiche Thema erst in der neuen Stadtratsperiode angehen wollten. Ich habe zwar ausdrücklich die Bereitschaft bekundet, diesen Vorgang wegen der von allen Seiten nicht bestrittenen Priorität und Dringlichkeit des Themas Wohnungsbau ohne Aufschub anzugehen, die Entscheidung aber den Koalitionsfraktionen anheimgestellt. Gerade wegen der Dringlichkeit herrschte dort dann schnell Konsens darüber, das Verfahren zügig zu beginnen. Ich beauftragte deshalb die Verwaltung, ein Ausschreibungs- und Vergabeverfahren für die Wohnungsbaugrundstücke vorzubereiten.

Weil es naturgemäß sowohl innerhalb der Verwaltung Abstimmungsbedarf als auch zwischen Verwaltung und Koalitionsfraktionen unterschiedliche Auffassungen über einige Aspekte und Bedingungen dieser Grundstücksvergabe gab, war erst zum Jahresende 2013 Einvernehmen über das Verfahren gegeben. Im Januar 2014 informierte ich den Koalitionsausschuss (CSU/SPD) über die beabsichtigte Beschlussvorlage und erhielt allseitige Zustimmung. Die zuständigen Stadtratsausschüsse votierten am 14. Januar 2014 für die Beschlussvorlage, der Stadtrat beschloss den Start des Verfahrens am 30. Januar 2014. Unmittelbar danach publizierte die Verwaltung das Wettbewerbsverfahren und forderte zur Abgabe von Angeboten bis zum 7. März 2014 auf.

Nachdem die Sitzungsplanung des Stadtrates und seiner Ausschüsse, die bereits zum Jahresbeginn an die Mitglieder des Stadtrates verteilt wurde, vorsah, die letzte Grundstücksausschusssitzung in der zu Ende gehenden Stadtratsperiode am 8. April abzuhalten, musste die Verwaltung bis Ende März 2014 die eingegangenen Angebote auswerten und eine Beschlussvorlage erstellen. Trotz der Komplexität der Materie und der durchaus aufwändigen Bewertung der eingereichten Angebote erledigte das zuständige Liegenschaftsamt diese Aufgabe rechtzeitig.

Es dürfte nicht überraschen, dass ich genauso wie die mit der Sache befassten leitenden Mitarbeiter der Stadtverwaltung in dieser Zeit aus Stadtratskreisen öfter neugierig und intensiv befragt wurde, wie die Sache denn stehe und welche Vorschläge die Verwaltung zu machen gedenke.

Für die bekannte weitere Entwicklung dieser Angelegenheit ist sicher von Interesse, dass ich mich nicht daran erinnere, vom – ab dem Stichwahltermin im März 2014 gewählten, wenn auch noch nicht im Amt befindlichen – Oberbürgermeister Wolbergs, SPD auf diese Frage angesprochen worden zu sein. Ich kann es aber auch nicht ausschließen. Von den beiden Fraktionsvorsitzenden S., CSU und H., SPD bin ich jedoch mehrfach auf das Thema angesprochen worden. Nach meiner – naturgemäß subjektiven – Erinnerung war sowohl in der Häufigkeit, als auch in der Art der Nachfragen eine deutliche Erwartungshaltung zu spüren, dass BTT bei dieser Ausschreibung maßgeblich zum Zug kommen solle.

Herr H. hat sich in dieser Verfahrensphase am 26. März 2014 sogar einen persönlichen Termin bei mir geben lassen, in dem er unter anderem das Thema „Verkauf der Wohnungsbauquartiere in der Nibelungenkaserne" angesprochen hat. Herr S. hat mich mehrfach bei den wöchentlichen Jours fixes, die ich jeweils montags vor den CSU-Fraktionssitzungen mit ihm hatte, auf den Fortgang und das zu erwartende Ergebnis des Vergabeverfahrens angesprochen. Für beide war insbesondere von Interesse, ob von der Verwaltung vorgeschlagen werde, dass BTT die Areale oder Teile davon erwerben könne. Ich erinnere mich noch gut, dass ich die Fragen der beiden Herren jeweils stur so beantwortet habe: „Wenn BTT als Ergebnis des Bieterwettbewerbs Flächen bekommt, soll es mir recht sein, wenn nicht, werde ich das Ergebnis nicht hinbiegen."

Insbesondere Herr H. war mit dieser Aussage nicht zufrieden und drängte auf eine Berücksichtigung von BTT bei der Grundstücksvergabe. Ich entgegnete, dass ich mich in die Sachbearbeitung nicht einschalten würde und machte deutlich, dass er sich selbst an den Referenten bzw. Amtsleiter wenden möge, wenn er für die Sachbearbeitung aus seiner Sicht wichtige Aspekte vortragen wolle; ich würde das nicht tun. Wie mir die betroffenen Mitarbeiter berichteten, hat Herr H. dies auch gemacht und in der Verwaltung intensiv nachgefragt.

In dem später gegen ihn geführten Strafverfahren hat er – um sich nicht selbst zu belasten – diesen Ablauf dann umgedreht und ausgesagt, ich hätte, um mich da rauszuhalten, ihn mit der Einflussnahme auf die Verwaltung in Richtung BTT regelrecht beauftragt.

Insbesondere nachdem in seinem Verfahren die Anklage zugelassen war und die Hauptverhandlung bevorstand, hat er versucht, seine Sicht der Dinge in zahlreichen abgehörten Telefonaten bis hin zu Aussagen in Vernehmungen wieder und wieder zu verbreiten. Er ging sogar so weit, zu behaupten, ich hätte vorgeschlagen, die Bauflächen in der Nibelungenkaserne an BTT zu vergeben, obwohl dieser Bewerber deutlich weniger geboten hätte als andere Bieter. Dies ist unwahr, ja frei erfunden.

Dieser Versuch, die Dinge zu verdrehen, ist ihm aber insoweit gut gelungen, als die Medien intensiv „draufgesprungen“ sind. Diese Sichtweise ist zwar aus der Sicht von H. verständlich, wird aber natürlich dadurch nicht wahrer. Noch verständlicher wird die Absicht, vom eigenen durchgehenden Versuch abzulenken, die Vergabe in Richtung BTT zu befördern, wenn man registrieren muss, dass das ein entscheidender Punkt in einem Strafverfahren sein kann, der gegen einen spricht.

Realität war: Ich hatte mich aus der Arbeit der Verwaltung in dieser Phase bewusst herausgehalten; ich wollte ein objektives Arbeitsergebnis der Verwaltung haben. Das hatte zwei gute Gründe: Zum einen stand ich kurz vor dem Ende meiner Amtszeit, mit diesem Arbeitsergebnis müsste die Verwaltung und mein Amtsnachfolger auch nach meinem Ausscheiden problemlos arbeiten können. Zum zweiten war ich mit einem der Geschäftsführer der BTT über ein zufälligerweise gemeinsames Hobby bekannt. Wir waren beide Mitglieder desselben Flugvereins. Kein Umstand, der in einer Stadt grundsätzlich problematisch ist. Wohl aber einer, der „verschärfte“ Zurückhaltung gebietet.

Aus meinem archivierten Terminkalender kann ich ersehen, dass die Besprechung des Arbeitsergebnisses der Verwaltung mit dem Wirtschafts- und Finanzreferenten und dem Liegenschaftsamtsleiter am 24. März 2014, 10.00 Uhr stattgefunden hat. Herrn H. habe ich bei dem 2 Tage später stattgefundenen Termin von diesem Sachstand natürlich nichts erzählt, weil ich die Verwaltung möglichst ohne Beeinflussung von außen die Arbeiten an der Beschlussvorlage abschließen lassen wollte. Ich habe den beiden Mitarbeitern in dieser Besprechung einige Fragen gestellt, die klar beantwortet wurden, und habe zum Abschluss der Besprechung den Auftrag erteilt, entsprechend dem vorgetragenen Arbeitsergebnis eine Stadtratsvorlage zu fertigen.

Diese Vorlage wurde am 31. März 2014 in der Vorbesprechung zu der Grundstücksausschusssitzung, die für den 8. April 2014 terminiert war, abschließend besprochen und damit zur Erstellung der Tagesordnung und der Sitzungsunterlagen von mir freigegeben. In der für den 8. April vorgesehenen Sitzung des Grundstücksausschusses und für den 29. April vorgesehenen Sitzung des Stadtratsplenums hätte damit die Vergabe, wie sie die Verwaltung gemäß der Ausschreibung erarbeitet hat, beschlossen werden sollen.

Diese von mir freigegebene und damit inhaltlich mitgetragene Vorlage an den Grundstücksausschuss und das Stadtratsplenum enthielt für die Vergabe der Wohnungsbauareale auf dem Gelände der ehemaligen Nibelungenkaserne einen Vorschlag für den Zuschlag. In diesem Vorschlag kam BTT nicht vor!

An meiner Einstellung zu diesem Verwaltungsvorschlag kann es also keinen Zweifel geben. Hinsichtlich der Frage, ob der Vorwurf zutreffen kann, dass ich das Verfahren zugunsten von BTT beeinflusst oder gesteuert hätte, ist diese Vorlage das wichtigste und entscheidende Dokument. Sie belegt klar und eindeutig, dass von meiner Seite und von der Seite der Verwaltung dieses Verfahren korrekt, ohne jegliche Beeinflussung und ohne Druck, ein bestimmtes Ergebnis zu erhalten, abgelaufen ist. Man möchte also vermuten, dass diese Vorlage auf jeden Fall zum Inhalt meiner Ermittlungsakte gehört, nachdem der Kern der gegen mich erhobenen Vorwürfe darin besteht, ich hätte die Ausschreibung bewusst (und eventuell gegen Gegenleistung) in Richtung BTT beeinflusst.

Denkste! Die Ermittlungsakten in diesem gegen mich gerichteten Verfahren umfassen mehrere tausend Seiten. Diese wenigen Blätter der Grundstücksausschuss-/Stadtratsvorlage sind nicht darunter! Dabei lässt sich aus der Akte entnehmen, dass der Ermittler der Kriminalpolizei die Vorlage sogar in der Hand hatte.

Es war üblich, dass zur Dokumentation meiner Freigabe auf dem Original der Vorlage am Schluss mein Handzeichen von mir angebracht wurde. Selbst wenn der ermittelnde Kriminalbeamte dieses Handzeichen nicht registrierte, wäre es einfach gewesen, durch Befragung des Liegenschaftsamtsleiters den Sachverhalt, welche Vorlage von mir mitgetragen wurde, zu eruieren. Das mich entlastende Moment, dass meine schriftlich nachvollziehbare, in einem Dokument manifestierte Meinung und mein Handlungsvorschlag andere waren als das, was er mir unterstellte, hat ihn aber offenbar nicht interessiert.

Aus der Ermittlungsakte geht weiter hervor, dass ihn nur die „Tatsache" interessierte, dass ich diese Vorlage zu Beginn der Grundstückausschusssitzung zurückgezogen habe. Das wollte er so interpretieren, dass ich damit doch noch einer Vergabe der Areale an BTT den Weg bereiten wollte. In seinem Ermittlungsschlussbericht vom 22. Oktober 2018 liest sich das auf Seite 68 so:

> *„Tatsache ist, dass die Absetzung der Vergabebeschlüsse im April 2014 und die dadurch verhinderte Vergabe an andere Mitbewerber Voraussetzung für eine spätere Vergabe an die BTT Bauteam Tretzel GmbH waren."*

Das mag vom Ablauf her plausibel erscheinen. Hätte der Stadtrat im April entsprechend meiner Vorlage entschieden, hätte es später erst gar nicht zu der durch meinen Nachfolger betriebenen Vergabe an BTT kommen können. Aber die mir unterstellte Einflussnahme und Absicht ist falsch. Wie kam es denn überhaupt zu dieser Absetzung?

Die Vorlage wurde – so wie von mir freigegeben – nach der Geschäftsordnung des Stadtrates am 2. oder 3. April 2014 zugestellt und ab diesem Zeitpunkt für die Fraktionen und Einzelstadträte, die im Grundstücksausschuss vertreten waren, verfügbar. Noch vor dem darauf folgenden Wochenende erreichte mich der Wunsch der Fraktionsvorsitzenden von CSU und SPD, diese Vorlage in einer Koalitionsausschusssitzung zu erörtern. Ich entsprach dem Wunsch trotz Terminproblemen. Es wurde vom Sekretariat kurzfristig ein Termin am 7. April 2014 um 8.00 Uhr freigeschaufelt, verfügbar war eine Dreiviertelstunde. Am Ende dieser

Erörterung teilte mir Herr H. mit, dass die SPD-Fraktion dieser Vorlage in der Grundstücksausschusssitzung am 8. April nicht zustimmen würde.

Dass ich am Ende meiner 18-jährigen Tätigkeit als Oberbürgermeister meine erste Abstimmungsniederlage im Stadtrat erleiden könnte, wenn sich – was nicht auszuschließen war – andere Stadtratsmitglieder der SPD-Haltung anschließen würden, hätte ich ohne Probleme hingenommen. Da ich aber keine Information darüber bekam und auch nicht abschätzen konnte, was nach Auffassung der SPD-Fraktion anstatt der Verwaltungsvorlage beschlossen werden sollte und immerhin die Gefahr bestand, dass etwas beschlossen werden sollte, was mit dem sachlichen Ergebnis des Ausschreibungsverfahrens wenig bis gar nichts zu tun hatte, entschloss ich mich, die entsprechenden Tagesordnungsunterpunkte von meinem Tagesordnungsvorschlag zu streichen. Denn für ein willkürliches Ergebnis, das mit dem Ausschreibungsverfahren nichts zu tun hatte, wollte ich dann am Ende meiner Amtszeit auf keinen Fall gerade stehen müssen.

Hier ist ein kleiner Ausflug in die Bayerische Gemeindeordnung notwendig: Der Oberbürgermeister schlägt mit der Ladung zur Sitzung eine Tagesordnung vor, er ist bis zum Beschluss des Gremiums über diesen Vorschlag am Beginn der Sitzung Herr seines Vorschlags. Ich habe meinen Tagesordnungsvorschlag aus dem oben genannten Grund abgeändert, bevor ich ihn zur Abstimmung gestellt habe. Ich habe in der Sitzung auf Frage auch erläutert, dass ich das deswegen tue, weil es offenbar noch Klärungsbedarf vor einer Beschlussfassung gebe.

Ich habe also gerade nicht die von mir freigegebene und mitgetragene Vorlage zurückgezogen! Diese Vorlage habe ich bis heute nicht zurückgezogen. Ich habe lediglich verhindert, dass an diesem Tag abweichend von der Vorlage irgendeine Entscheidung fallen konnte. Was heißt das? Nicht mehr und nicht weniger, dass auch aus diesem Grund die Unterstellung der Ermittler, ich hätte dadurch mithelfen wollen, dass doch noch eine Vergabe an BTT erfolgen könne, falsch ist.

Das Gegenteil dürfte wohl richtig sein. Hätte ich den Tagesordnungspunkt nicht gestrichen, wäre wohl aus heutiger Perspektive damit zu rechnen gewesen, dass sich eine eigens dazu mobilisierte Mehrheit gefunden hätte, der BTT den Zuschlag zu geben – abweichend von dem von mir verantworteten und mitgetragenen Verwaltungsvorschlag.

Weil die Vorlage also Bestand hatte, hat die Verwaltung in den auf den Sitzungstag folgenden Tagen weiterhin versucht, Stadträte der Koalition davon zu überzeugen, doch der Vorlage zuzustimmen, es gab auch mindestens einen Gesprächstermin dazu, von dem ich wusste. Ich habe die Verwaltung von diesen Versuchen nicht abgehalten, aber mir war nach den Äußerungen des SPD-Fraktionsvorsitzenden klar, dass es zu einer positiven Beschlussfassung über die Vorlage in der zu Ende gehenden Stadtratsperiode nicht mehr kommen würde; mir war schnell klargeworden, dass man sich vor allem von Seiten der SPD und des neugewählten Oberbürgermeisters eine andere Vorgehensweise vorstellte. Erst nachdem ich aus meiner Ermittlungsakte Details aus der Zeit vor dieser ersten Ausschreibung zur Kenntnis bekam, konnte ich mir auf diese Wahrnehmung einen Reim machen.

Weil einerseits die Vorlage nicht zurückgezogen wurde und die Verwaltung auch nicht eingeknickt war, andererseits aber der SPD-Fraktionsvorsitzende seine Fraktion darauf einschworen hatte, das Ergebnis dieser Ausschreibung nicht wie von der Verwaltung vorgeschlagen und von mir mitgetragen zu beschließen, konnte die neue Stadtratsmehrheit nach dem 1. Mai 2014 die Situation dadurch „auflösen," dass sie das ganze durchgeführte Verfahren in den Papierkorb warf und ein neues begann. Dadurch erst hat man also im Gegensatz zur Tatsachenbehauptung des ermittelnden Kriminalhauptkommissars den Weg für eine spätere anderweitige Vergabe geebnet. Hieran war ich nicht beteiligt.

Dass man dafür eine Reihe von politisch formulierten Gründen angab, gehört zum kommunalpolitischen Usus, da kann sich der kundige Beobachter selbst ein Urteil bilden. Nur ein Beispiel dafür: Es wurde als

Begründung angegeben, die erste Ausschreibung hätte nur den Preis als Zuschlagskriterium vorgesehen, erst die zweite Ausschreibung wäre eine Konzeptausschreibung gewesen. Am besten nimmt man dazu das Statement des sachbearbeitenden Mitarbeiters der Verwaltung zur Hand; er muss es am besten wissen. Er hat klar in Vernehmungen dargetan, dass auch die erste Ausschreibung eine Konzeptausschreibung gewesen ist. Dieser Hinweis soll an dieser Stelle reichen. Wesentlich ist: Eine sorgfältige Ermittlung und Bewertung der Abläufe und Fakten hätte die Ermittlungsbehörden mindestens zu einer deutlichen Zurückhaltung bei der Formulierung strafrechtlich relevanter Vorwürfe gegen mich veranlassen müssen.

Auch jenseits der geschilderten Abläufe beim Zustandekommen bzw. Nichtzustandekommen der Beschlüsse hätte man erhebliche staatliche Mittel für Ermittlungen einsparen können, hätte man genau hingeschaut. Oder man hätte nicht versucht, fehlende Hinweise und Beweise durch dafür besonders fest gefügte Überzeugungen zu ersetzen!

Um dem auf die Spur zu kommen, ist es zweckmäßig, mal einen Blick in das Strafgesetzbuch (StGB) zu werfen. Immerhin haben mir die Strafverfolgungsbehörden Bestechlichkeit vorgeworfen. Im StGB liest man dazu folgendes:

§ 332 Bestechlichkeit

(1) [1]Ein Amtsträger, (…), der einen Vorteil für sich oder einen Dritten als Gegenleistung dafür fordert, sich versprechen lässt oder annimmt, dass er eine Diensthandlung vorgenommen hat oder künftig vornehme und dadurch seine Dienstpflichten verletzt hat oder verletzen würde, wird mit Freiheitsstrafe von sechs Monaten bis zu fünf Jahren bestraft. [2]In minder schweren Fällen ist die Strafe Freiheitsstrafe bis zu drei Jahren oder Geldstrafe. [3]Der Versuch ist strafbar.
(2) … (hier nicht relevant)

(3) Falls der Täter den Vorteil als Gegenleistung für eine künftige Handlung fordert, sich versprechen lässt oder annimmt, so sind die Absätze 1 und 2 schon dann anzuwenden, wenn er sich dem anderen gegenüber bereit gezeigt hat,

1. bei der Handlung seine Pflichten zu verletzen oder,
2. soweit die Handlung in seinem Ermessen steht, sich bei Ausübung des Ermessens durch den Vorteil beeinflussen zu lassen.

Knapp zusammengefasst:
Für eine Straftat „Bestechlichkeit" braucht es:

- einen Amtsträger,
- einen Vorteil, (fordern, annehmen oder sich versprechen lassen)
- eine pflichtwidrige (entweder eine rechtswidrige oder eine, bei der das Entscheidungsermessen missbraucht wird) dienstliche Handlung.

Von den genannten Voraussetzungen für die „Bestechlichkeit" traf der Status des Amtsträgers unzweifelhaft auf mich zu, das kann ein Oberbürgermeister beim besten Willen nicht bestreiten.

Aus der oben geschilderten Abfolge der Ereignisse wird aber klar, dass es die für meine vermutete Bestechlichkeit notwendige Tathandlung, also die Vornahme einer konkreten rechtswidrigen oder ermessensmissbräuchlichen Diensthandlung, nicht gegeben hat.

Damit ist eigentlich schon klar, dass es keine Bestechlichkeit gegeben hat. Eine entscheidende Voraussetzung fehlt. Aber die Strafverfolgungsbehörden – die ja mindestens aufgrund mangelnder Vertrautheit mit dem Kommunalrecht diese fehlende rechtswidrige Handlung des Oberbürgermeisters nicht richtig einschätzen konnten (oder wollten?) – prüften trotzdem weiter.

Neben oder anstelle einer Bestechlichkeit stand für die Ermittler ja auch noch die Frage im Raum, ob ich mich, wenn mir schon keine konkrete rechtswidrige Diensthandlung nachgewiesen werden kann, wenigstens der Vorteilsannahme strafbar gemacht habe, also ob ich während meiner Dienstzeit einen Vorteil gefordert, angenommen oder mir dafür versprechen habe lassen, bei einzelnen von mir zu treffenden Entscheidungen ein gewisses „Wohlwollen“ walten zu lassen. Wäre das der Fall gewesen, läge – so der Terminus – eine „Unrechtsvereinbarung“ vor, die Voraussetzung einer Strafbarkeit sowohl wegen Bestechlichkeit als auch wegen Vorteilsannahme ist.

Hat es denn diese Unrechtsvereinbarung oder „wenigstens“ ein Angebot zum Abschluss einer Unrechtsvereinbarung gegeben?

Ich bin, als sich meine Amtszeit dem Ende näherte (ich konnte wegen der gesetzlich geregelten Altersbegrenzung nicht noch einmal kandidieren) und diese Tatsache auch öffentlich wahrgenommen wurde, nicht nur einmal gefragt worden, ob ich nach meiner Zeit als Oberbürgermeister für den Fragesteller im Rahmen eines Beratungsmandates oder auch anderweitig arbeiten wolle. Es gab von der Geschäftsführung einer Projektentwicklungsgesellschaft bis zu Beratungsmandaten für verschiedenste Sachgebiete eine Reihe solcher Anfragen. Auch die BTT, die häufig Berührungspunkte mit der Stadt hatte, auch wenn sie bei weitem nicht nur in Regensburg tätig war, hatte über ihren Geschäftsführer, den ich gelegentlich traf, angefragt.

Entscheidend ist: Es gab für keine dieser Anfragen eine Aufforderung oder Andeutung von mir, denn das wäre rechtlich nicht in Ordnung gewesen. Ich war nicht auf der Suche. Die Initiative ging also immer von den Fragestellern aus. Ich konnte mir schlecht jeweils blitzartig die Ohren zuhalten. Stattdessen habe ich solche Fragen grundsätzlich mit dem Satz beantwortet: „Darüber können wir frühestens nach dem 1. Mai 2014 reden.“ Genau das war auch meine Antwort gegenüber der BTT.

Für die Einschätzung, was ein Oberbürgermeister nach dem Ende seiner Dienstzeit beruflich tun darf, ist folgendes wichtig: Ein Oberbürgermeister in Bayern ist Kommunaler Wahlbeamter, das entsprechende Bayerische Kommunalwahlbeamtengesetz (KWBG) regelt sein Dienstverhältnis, es bestimmt, dass sehr weitgehend allgemeines Beamtenrecht und Beamtenstatusrecht gilt. Demnach darf ein Beamter am ersten Tag nach seinem Ausscheiden aus dem Dienst jegliche Arbeit aufnehmen, von dem Tag an, an dem er das Pensionsalter erreicht hat, bleibt sein Verdienst aus einer Beschäftigung sogar ohne Anrechnung auf seine Ruhestandsbezüge. Aber selbstverständlich darf sich ein ehemaliger Beamter im Ruhestand nicht gegen die Interessen seines früheren Dienstherrn stellen. Und ebenso selbstverständlich darf er keine Tätigkeit aufnehmen, bei der er Dienstgeheimnisse aus seiner Amtszeit verwertet.

Es gibt also keine „Abkühlungsfrist" wie bei Ministern, keinen Kodex zur Vermeidung von Interessenskollisionen wie bei Abgeordneten. Im Beamtenrecht ist alles klar geregelt. Für mich galt: Von dieser Möglichkeit wollte ich Gebrauch machen. Ich habe das auch nicht heimlich gemacht, wer mich gefragt hat, bekam von mir offen mitgeteilt, dass ich nicht vorhatte, mein Arbeitsleben mit dem Ablauf des 30. April 2014 als beendet anzusehen. Ich habe aber eben – pflichtgemäß – jegliche Äußerung gegenüber jedermann, welche Tätigkeit ich nach dem Ausscheiden aus dem Amt als Oberbürgermeister ausüben würde, strikt unterlassen. Nebenbei bemerkt: Ich habe bis zum letzten Tag in meinem Amt einen ausgefüllten, deutlich mehr als achtstündigen Arbeitstag gehabt und hatte von daher auch gar keine Ruhe, mir abschließend zu überlegen, was ich machen wollte.

Erst nachdem ich im Ruhestand war, habe ich die Angebote, die mich nun erreichten, gesichtet und ausgewertet. Und ich habe mich letztlich – und zwar erst ein halbes Jahr später – entschieden, eine Beratungstätigkeit mit der BTT zu vereinbaren. Das lag durchaus nahe, denn ich kannte den Geschäftsführer. Vor allem aber verfügte ich neben den Kenntnissen und Erfahrungen aus meiner Tätigkeit in einem gewerblichen Immobilienunternehmen vor meiner Dienstzeit als Oberbürgermeister über wichtiges kommunalpolitisches Wissen zu Verfahren und Abläufen, die für ein in diesem Bereich tätiges Unternehmen nützlich sein können. Aber selbstverständlich nicht bei geschäftlichen Vorgängen, die konträr zu den Interessen der Stadt Regensburg gewesen wären. Denn für solche Vorgänge hatte ich bewusst einen vertraglichen Ausschluss vereinbart. Auch jenseits der rechtlichen Grenzen hätte ich eine solche, meine Stadt betreffende, Beratungstätigkeit für nicht vertretbar gehalten. BTT hat das akzeptiert.

Also: Eine Unrechtsvereinbarung gab es auch nicht. „Ausnahmsweise" richtig ist daher die zum Abschluss der Ermittlungen festgestellte Einsicht der Ermittlungsbehörden, dass eine Vereinbarung zwischen BTT und mir vor meinem Dienstzeitende, die eine Verletzung strafrechtlich bewehrter Vorschriften für einen Beamten bedeuten würde, nicht festgestellt wurde.

Damit fehlt es mittlerweile sogar an zwei wesentlichen Voraussetzungen für eine Korruptionsstraftat, sei es nun Bestechung/Bestechlichkeit oder Vorteilsgewährung/Vorteilsannahme, so dass die StA Regensburg das entsprechende Ermittlungsverfahren mit dem Az. 152 Js 30999/16 am 19. August 2019 gemäß § 170 Abs. 2 der Strafprozessordnung (StPO) eingestellt hat.

Halt! Da war doch noch was? Ja, genau! Die Beschuldigung, ich hätte zu meiner Dienstzeit das Angebot für einen kostenlosen Segeltörn mit einer Segelyacht von BTT erhalten und angenommen. Auch das hätte natürlich ein Vorteil sein können, der zu Spekulationen Anlass hätte geben dürfen.

Im Zwischenbericht der Kriminalpolizei an die StA Regensburg vom 23. November 2016 berichtet die Kripo, dass der Geschäftsführer von BTT mir am 13. April 2014 geschrieben habe, die INO und die Saratoga stünden mir zur Verfügung. Nur zum besseren Verständnis: Die INO ist eine Segelyacht, die Saratoga ist ein Flugzeug. Ich habe auf diese Offerte wie auf viele ähnliche, die man als Oberbürgermeister bekommt, nicht reagiert.

Erst **nach meiner Dienstzeit** habe ich dann das Flugzeug – selbstverständlich gegen Kostenbeteiligung – genutzt. BTT war zu diesem Zeitpunkt ein Geschäftspartner und der Geschäftsführer nach wie vor ein Bekannter, dessen Angebot ich nun, aus dem Amt geschieden, genauso annehmen durfte, wie dies jeder andere hätte tun dürfen. Darum gab es auch keine Geheimnisse. So habe ich nach einer Nutzung des Flugzeugs dem Geschäftsführer in einer E-Mail am 22. Mai 2014 geschrieben: „Ich war mit der Saratoga in Burgos, hat Spaß gemacht." Eben diese Mail aber war es, die die besondere Aufmerksamkeit der Ermittler weckte und offenbar auch ihre Phantasie:

Aus dieser E-Mail nämlich schließt der Ermittler von der Kriminalpolizei Regensburg, dass damit erwiesen sei, „dass er [Schaidinger] dessen [T.] Boot genutzt hat." Dies war also der Ursprung der öffentlichen Verdächtigung eines Segeltörns mit der Segelyacht von T. Aber: Die Saratoga ist ein Flugzeug, kein Boot. Man könnte die Schlussfolgerung, die die Kriminalpolizei aus meiner E-Mail zieht, zunächst einmal nur lustig finden. Immerhin kann sich der Kriminalhauptkommissar nicht einmal 6 Zeilen lang in seinem Bericht merken, was er geschrieben hat. Zuerst schreibt er, dass die Saratoga ein Kleinflugzeug sei, 6 Zeilen weiter schreibt er unter Bezugnahme auf „Saratoga", dass dies ein Boot sei. Weiter geht aus seinem Text hervor, dass er davon überzeugt ist, dass man mit einem Boot nach Burgos segeln könne.

Im hier gegebenen Kontext aber, wenn es um die Ehre und die Grundrechte eines Menschen geht, kann das nicht mehr lustig sein. Man kann solche „Feststellungen" auch nicht mit mangelhafter Allgemeinbildung oder Schlampigkeit entschuldigen. Nicht jeder kann wissen, wo Burgos liegt. Aber dazu braucht man ja heutzutage gar keine Allgemeinbildung mehr und man muss auch nicht mühsam in Atlanten nachschauen. Heute kann man googeln. Innerhalb einer Minute kann man ermitteln, dass Burgos eine Stadt in Nordspanien ist, die ca. 150 km vom Meer entfernt, und auf ca. 860 m Meereshöhe liegt. Daraus kann man leicht ablesen, dass man nach Burgos nicht mit einer Yacht segeln kann. Nur wenn man überhaupt nicht recherchiert, sondern sich ohne Sorgfalt etwas zusammenreimt, was einem selbst bei flüchtiger Durchsicht des selbst geschriebenen Textes als nicht stimmig auffallen müsste, kommt man zu einer solchen „Feststellung". Wenn es um 50 Cent ginge, wäre das schon schlecht, wenn es mit einer solchen falschen Behauptung um die Ehre eines Menschen geht, ist das schlicht unakzeptabel.

Als wäre das noch nicht schlimm genug, findet sich in dieser gesamten Akte, die ja durch mehrere Hände ging, nirgendwo mehr eine Reaktion auf diesen Unfug. Entweder, es hat niemand die Akte gelesen oder niemandem, der sie gelesen hat, ist dieser offenkundige Unfug aufgefallen. Man tut sich schwer, zu überlegen, was schlimmer ist. Jedenfalls lässt beides, egal was wirklich der Fall war, nur eine sehr negative Einschätzung der Arbeitsweise der Strafverfolgungsbehörden zu. Und wie man sich jetzt beinahe schon denken kann, findet sich bis zur Einstellungsverfügung der StA am 19. August 2019 in der Akte kein Hinweis oder Beleg dafür, dass sich mit einem solchen massiven Bearbeitungsfehler irgendjemand befasst hätte.

Auch die Einstellungsbegründung stellt lediglich fest, dass eine Annahme des Angebots, das Flugzeug zu benutzen, nicht während der Dienstzeit, sondern eindeutig nach der Dienstzeit und damit legal erfolgt sei; auf die Falschbehauptungen der Kriminalpolizei in Sachen Segeltörn geht die Einstellungsbegründung gar nicht ein.

Vielleicht liegt der Grund dafür darin, dass sonst die Staatsanwaltschaft konsequenterweise die Ermittlungsarbeit der Kriminalpolizei in zahlreichen Punkten hätte kritisieren müssen und man es deswegen gleich ganz gelassen hat.

Wenn man die Ermittlungsakte liest, kriegt man nicht nur an einigen wenigen Stellen, sondern häufig und quer durch die ganze Akte Belege für die fehlerbehaftete Arbeit der Ermittler. Einige wenige Beispiele:

Die Kriminalpolizei wirft mir in ihrem Ermittlungsbericht vor, ich hätte daran aktiv mitgewirkt, dass BTT im zweiten Vergabeverfahren den Zuschlag für das Wohnbauareal in der Nibelungenkaserne bekommen konnte. Dieser Vorwurf ist, wie aus der o. a. Beschreibung des Ablaufs hervorgeht, mehr als abwegig. Ich konnte mir auch bis zur Akteneinsicht nicht vorstellen, wie man überhaupt auf einen solchen Vorwurf kommen konnte, denn ich war zu diesem Zeitpunkt schon lange aus dem Amt geschieden. Erst bei Durchsicht der Akte ging mir ein Licht auf. An mehreren Stellen finden sich dort Schriftstücke aus dem ersten und dem zweiten Vergabeverfahren kunterbunt durcheinander; auch die Ladung zu einem Grundstücksausschuss während meiner Amtszeit findet sich unter den Unterlagen zu einem Grundstücksausschuss in der Amtszeit von Oberbürgermeister J. Wolbergs. Kein Wunder, dass ein unkundiger Leser auf diese Weise zu der Vermutung kommt, die Verfahren wären zeitlich oder inhaltlich ineinander verwoben gewesen. Auch wenn das überhaupt nicht der Fall war.

Noch ein anderes umfangreiches Ermittlungsdetail sei erwähnt, weil es auch in der öffentlichen Diskussion eine Rolle gespielt hat. Da wurde behauptet, ich hätte ja schon „früher," etwa bei einer Baugebietsausweisung im Stadtwesten Regensburgs (Nordteil des ehemaligen Rennplatzes) gezielt BTT begünstigt, und zwar durch die Gestattung von Wohnbebauung überhaupt sowie eines zusätzlichen Stockwerks gegenüber der ursprünglich im Bebauungsplan vorgesehenen Bauweise. Ein ganzer Ordner (!) der Ermittlungsakten ist gefüllt mit dem Versuch, diese Vorwürfe zu belegen.

Tatsache ist, dass der frühere Grundstückseigentümer Siemens keinen Wert mehr auf eine gewerbliche Nutzung dieses Areals legte und den Wohnungsbedarf in der Stadt zum Anlass nahm, auf eine Nutzungsänderung in Richtung Wohnen zu drängen. Tatsache ist weiter, dass es dafür in der Verwaltung – sachlich durchaus begründet – starke Befürworter gab, während ich selbst eher gebremst und im Ergebnis durchgesetzt habe, dass letztlich ein gutes Drittel des Areals gewerbliche Baufläche blieb. Auch die Einschätzung, ich hätte durchgesetzt, ein Stockwerk im Wohnbauteil draufzusetzen, ist grundfalsch. Der Bebauungsplan für das

Areal wurde von der Verwaltung konsequent aus dem Ergebnis eines städtebaulichen Wettbewerbs entwickelt. Die Nachbarn im Westen wollten in der Öffentlichkeitsbeteiligung ein Stockwerk weniger; die Verwaltung hat – ohne dass ich mich mit dieser Sache überhaupt befasst hätte – vorgeschlagen, dass es aus städtebaulichen Gründen bei der ursprünglichen Planung bleiben sollte, was vom Stadtrat – wiederum ohne meine Einflussnahme – auch so beschlossen wurde.

Dieses Thema hätte, wie viele andere, relativ schnell aufgeklärt werden können, wenn die Kripo nicht trotz der eindeutigen Fakten endlos lang danach geforscht hätte, ob es nicht doch noch etwas gab, was die Verdächtigungen beweisen würde. Niemand hat diesem Treiben Einhalt geboten. Nicht die Fakten scheinen der Treiber der Ermittlungen gewesen zu sein, sondern eine einmal gefasste Überzeugung. Angesichts des Umstandes, dass es die gesetzliche Pflicht der Staatsanwaltschaft ist, nicht nur die zur Belastung, sondern auch die zur Entlastung dienenden Umstände zu ermitteln (§ 160 Abs. 2 StPO), nicht nur verwunderlich, sondern mehr als fragwürdig.

An dieser Stelle sei schon mal erwähnt, dass die Ermittlungen gegen mich wegen meines früheren Amtes als Oberbürgermeister und das damit verbundene öffentliche Interesse ein „Berichtsverfahren“ waren. Berichtsverfahren heißt, dass die ermittelnde Staatsanwältin über den Dienstweg in ihrer Behörde (Abteilungsleiter Oberstaatsanwalt; Dienststellenleiterin Leitende Oberstaatsanwältin „LOStA“) über die vorgesetzte Behörde (Generalstaatsanwalt Nürnberg) an die Oberste Dienstbehörde, das ist die entsprechende Abteilung im Justizministerium, zu berichten hatte. Niemand hat – jedenfalls nach Aktenlage – je an den Fehlern, die im Verfahren gemacht wurden, Anstoß genommen.

Nochmals zur Klarstellung: Kriminalpolizei und Staatsanwaltschaft gehören nicht zur rechtsprechenden Gewalt in einem demokratischen Rechtsstaat. Sie gehören beide zur Exekutive; die Kriminalpolizei zum Innenministerium und die Staatsanwaltschaft zum Justizministerium. Diesen

Ministerien obliegt jeweils letztendlich die Dienstaufsicht. Allerdings ist diese Dienstaufsicht wohl nichts wert, jedenfalls ist die Wirksamkeit Null. Das passt perfekt zu dem Bonmot, das es in Behördenkreisen über Dienstaufsichtsbeschwerden gibt; immerhin ein propagiertes Mittel, sich gegen fehlerhafte Arbeit in Behörden zur Wehr zu setzen. In Behörden kommentiert man Dienstaufsichtsbeschwerden leichthin mit: fff! Fristlos, formlos, fruchtlos. Strafverfolgungsbehörden in Regensburg scheinen diese Haltung schon von vornherein dezidiert verinnerlicht zu haben!

Fazit: eine Reihe von Ermittlungsfehlern, darauf gestützt falsche Beschuldigungen, keine Fehlerkultur in allen beteiligten Behörden, ein Versagen der Dienstaufsicht. Wohlgemerkt: Ich konnte aus meinen Akteneinsichten nach einigen Monaten Laufzeit meiner Ermittlungsverfahren solche Schlüsse ziehen. Ich war aber erstaunt, so erinnere ich mich, dass in den anderen Verfahren keinerlei Zweifel an der korrekten Arbeit der Ermittlungsbehörden aufkamen. Das änderte sich erst im November 2018. Da wurden im Wolbergs-Prozess erstmals in der Öffentlichkeit Fehler in der Ermittlungsarbeit von Polizei und Staatsanwaltschaft thematisiert. (Süddeutsche Zeitung vom 24.11.2018) Vorher war ich mir noch unsicher, ob es bei mir zufällig und eher ungewöhnlich eine solche Menge von Ermittlungsfehlern gegeben haben könnte, die ganze Verfahren in die falsche Richtung leiteten. Ab diesem Zeitpunkt war mir aber klar, dass da offenbar generell und systematisch auf die Qualität der Arbeit nicht geachtet wurde.

Man weiß in einem solchen Moment nicht, und so ging es mir auch, welchem Gefühl man im Moment einer solchen Erkenntnis eher zuneigen soll: dem tröstlichen Gedanken, dass man mit dem Ärger über die Fehler, mit dem einem an die persönliche Ehre gegangen werden soll, nicht allein ist, oder dem Entsetzen, dass bei den Strafverfolgungsbehörden offenbar in größerem Stil fehlerhaft und ohne Strategie, wie man fehlerhafte Arbeit vermeidet und/oder abstellt, gearbeitet wird. Aber während man noch darüber nachdenkt, warten bereits die nächsten Verfahren. Denn um mit Christian Morgenstern zu sprechen: Es kann doch nicht sein, was nicht sein darf!

„Ein Verstand, der die Füße in einem Sack von Vorurteilen stecken hat, der kann nicht nach dem Ziel laufen."

Bettina von Arnim, dt. Schriftstellerin

NEUER VERSUCH: WIEDER EIN MISSERFOLG

Wenn man sich als Strafverfolger eine Sache schön ausgedacht hat und unter Ausblendung aller gegen das ausgedachte Gebilde sprechenden Aspekte es einem ziemlich plausibel vorkommt, dass man mit seiner Überzeugung richtig liegt und man einem Beschuldigten seine, zumindest irgendwelche Taten beweisen können wird, muss man wohl nur einen ausreichend langen Atem haben. Trotzdem kann es manchmal einfach nicht laufen. So war es auch nach der Hausdurchsuchung am 19. Januar 2017. Um diese Zeit hatte man die gesamte Ermittlungsmaschinerie auf Hochtouren gebracht und die volle Wucht der Staatsgewalt entfaltet.

Unter anderem wurde eine umfassende Telekommunikationsüberwachung (TKÜ), landläufig „Abhören der Telefone" genannt, gestartet und mit großem Aufwand unter Einschaltung internationaler diplomatischer Kanäle der in Irland stehende Server meines E-Mail-Accounts abgegriffen und dupliziert. Der Aufwand, eine Unzahl von Dateien zu sichten und auszuwerten, dürfte erheblich gewesen sein. Aber wenigstens E-Maildaten kann man ja mittels Stichwortrecherche durchforsten. Da ist es durchaus verständlich, dass man diesen Aufwand vielleicht in der Erwartung, zumindest aber der Hoffnung betreibt, auf jeden Fall aus den „Erkenntnissen" etwas beweisen zu können.

Umso ärgerlicher, wenn sich trotzdem das, was man sich als Erfolg erhofft (oder erträumt), nicht einstellen will. Das treibt dann schon mal einen höherrangigen Mitarbeiter der StA Regensburg im Hinblick auf mein Ermittlungsverfahren im Kollegenkreis im November 2017 – also fast ein ganzes Jahr nach der Eröffnung des konkreten Verfahrens gegen mich – dem Vernehmen nach zu der Äußerung, man sei bei meinem Verfahren im Blindflug, es sei unübersichtlich und es wären bei den Ermittlungen Fehler gemacht worden. (!) So viel Selbsterkenntnis muss man ja wohl positiv bewerten. Es könnte ja immerhin sein, dass sie der erste Weg zur Besserung sein könnte, wie ein Sprichwort sagt. Oder wie die StPO die Spielregeln vorgibt: auch die zur Entlastung dienenden Tatsachen ermitteln, würdigen und dann rechtzeitig das Verfahren schließen, bevor weiter in Rechte Unschuldiger eingegriffen und staatliche Mittel vergeudet werden. Leider war es nicht so.

Aber die Unsicherheit der Ermittlungsbehörde war durchaus greifbar. Wohl auch deswegen gab es im März 2017 zunächst nur eine teilweise Akteneinsicht. Dann wurde ein Schreiben meiner Anwältin mit dem Antrag auf vollständige Akteneinsicht mehr als 3 Monate lang überhaupt nicht beantwortet, danach wurde die Akteneinsicht weiter verweigert. Im Oktober 2017 teilte die Staatsanwaltschaft mit, dass meine Telefonanschlüsse abgehört wurden – interessanterweise aus dem Anlass und mit der Begründung, dass darüber wohl etwas an die Presse gelangt wäre und man nicht wolle, dass ich über meine Telefonüberwachung zuerst aus der Presse erfahren würde.

Aber auch nach einem Jahr aufwändiger und intensiver Ermittlungen wollte sich das gewünschte Ergebnis nicht einstellen. Wer jetzt aber denkt, dass die logische Schlussfolgerung gewesen sein müsste, zu erkennen, dass eben die Beschuldigungen, die man erhoben hat, fallengelassen werden müssten, der hat das deutsche Strafrechtswesen gründlich missverstanden. Man geht dann folgendermaßen vor: Nach dem Prinzip, „irgendwas wird sich doch finden lassen" schaut man, wie man sich Informationen über den Beschuldigten beschaffen kann, an die man bisher nicht herankam, weil sie gar nicht zum untersuchten Sachverhalt gehören.

In meinem Fall ging das so: Aus der Auswertung meines E-Mail-Verkehrs zog man eine Mail an einen IT-Dienstleister heraus (also etwas, was gar nicht zu dem bisherigen Ermittlungssachverhalt gehörte), in dem ich die

Installation eines NAS-Servers anfragte. (NAS heißt „Network Attached Server", ein Speicher, der für ein Heimnetzwerk zentral Dateien speichert und im lokalen Netz verfügbar hält.) Einen solchen Server hatte ich mir bereits im Februar 2016 gekauft, meine Absicht, ihn selbst softwareseitig einzurichten, ließ sich aber nicht realisieren. Also beauftragte ich einen IT-Service, der die Einrichtung am 1. September 2017 vornahm. Die Überlegung/Hoffnung der Kriminalpolizei war, wie aus der Ermittlungsakte hervorgeht, auf diesem (etwa zwei Jahre nach meiner Amtszeit installierten!) Server die Beweise zu finden, die man für die gegen mich gerichteten Beschuldigungen brauchte, nachdem auf zwei Laptops, die man nach der Hausdurchsuchung am 19. Januar 2017 mitgenommen und durchforstet hatte, sich „leider" keinerlei entsprechender Beweis gefunden hatte.

Also holte man sich vom Ermittlungsrichter am Amtsgericht einen neuen Durchsuchungsbeschluss, der dort – der Leser ahnt es schon – der Einfachheit halber mit der gleichen Begründung „Bestechlichkeit" wie beim ersten Mal beantragt wurde, obwohl zwischenzeitlich schon klar war, dass man die in der Begründung enthaltenen Vermutungen der Bestechlichkeit nicht beweisen konnte. Das machte aber offenbar nichts, denn der (insoweit vielleicht im Unklaren gelassene?) Ermittlungsrichter stellte den Beschluss antragsgemäß am 9. Januar 2018 aus. Zwei Tage später rückte die Truppe aus StA und Kriminalpolizei wieder bei mir an und präsentierte den Durchsuchungsbeschluss. Es folgte die gleiche Prozedur wie nahezu ein Jahr vorher.

Ich erläuterte den Ermittlern vorab die Tatsache, dass der NAS-Server erst im September 2017 eingerichtet und in Betrieb genommen worden sei, auf dem Server nach einfachen Gesetzen der Logik also keine Daten gespeichert sein könnten, die nicht auf den beiden bereits durchsuchten Laptops ohnehin schon vorhanden gewesen waren. Ohne Erfolg; mit logischen Überlegungen kommt man in einer solchen Situation nicht recht an. Vielleicht auch deshalb, weil es ja darum gar nicht geht? Ausbaden musste es der IT-Spezialist aus der Truppe, der nach längeren Recherchen in meinem Arbeitszimmer mit Schweißperlen auf der Stirn dem Chef der Ermittler mitteilen musste, dass auf dem NAS-Server tatsächlich keine Dateien drauf seien, die man nicht schon von den Laptops kannte. Weil man es bei dieser Peinlichkeit aber nicht bewenden lassen wollte, nahm man den NAS-Server trotzdem mit. Bis hierher war es eher amüsant.

Dabei blieb es aber nicht. Obwohl dieser Durchsuchungsbeschluss eindeutig nur den NAS-Server umfasste, der im Hausanschlussraum im Keller stand und innerhalb weniger Minuten herunterzufahren und abzutrennen gewesen wäre, dauerte die Durchsuchung trotzdem 2 Stunden und 40 Minuten. Wie das? Das ist der Beginn eines ganz neuen Kapitels in dieser Geschichte.

Die Mitnahme und kriminaltechnische Untersuchung des NAS-Servers wurde natürlich prompt zu dem Misserfolg auf ganzer Linie, den ich den Ermittlern schon bei Beginn der Hausdurchsuchung zu erläutern versucht hatte. Es war überhaupt nichts von dem drauf, was man sich erhofft und erdacht hatte. Trotzdem brauchte man für diese Erkenntnis noch bis zum 18. April 2018, also mehr als 3 Monate. An diesem Tag brachte mir der Kriminalhauptkommissar den NAS-Server wieder nach Hause.

Spätestens zu diesem Zeitpunkt, eigentlich schon unmittelbar nach der zweiten Hausdurchsuchung im Januar 2018 war in der Sache Nibelungenkaserne alles ermittelt. Alle Zeugenvernehmungen waren durchgeführt, alle Asservate und Telefonüberwachungsdateien waren ausgewertet. Man könnte also vermuten, dass ein Ende dieses Ermittlungsverfahrens absehbar war.

Dem war nicht so. Erst eineinhalb Jahre (!) später, am 19. August 2019, hat die Staatsanwaltschaft Regensburg dieses Ermittlungsverfahren gemäß § 170 Abs. 2 StPO eingestellt. Wieso das? Da kann man nur spekulieren. Vielleicht deshalb, weil man nur solange „Zufallsfunde“ finden kann, wie man offiziell noch ermittelt?

„An allem Unfug, der passiert, sind nicht etwa nur die schuld, die ihn tun, sondern auch die, die ihn nicht verhindern."

Erich Kästner, dt. Schriftsteller

VERFAHRENSEINSTELLUNG UND VERFAHRENSEINSTELLUNG KÖNNEN ZWEI VÖLLIG VERSCHIEDENE DINGE SEIN!

Wenn die Medien von der Einstellung der Ermittlungsverfahren gegen mich berichtet haben, dann war meist kurz und knapp von „Einstellung des Ermittlungsverfahrens“ die Rede. Klingt gleichermaßen informativ und emotionslos. Die meisten Leser werden es so empfinden, dass man darüber auch gar nicht anders informieren könne. Ein Beispiel: Wenn man unter wikipedia.de das Stichwort „Regensburger Parteispendenaffäre“ aufruft, so findet man dort unter „3.2 Ermittlungen, Anklagen und Urteile“ den Unterpunkt „3.2.4 Hans Schaidinger“. In dem kurzen Text wird zweimal lapidar über Verfahrenseinstellungen berichtet.

In der Öffentlichkeit wird mit einer solchen Information ganz Unterschiedliches verbunden: Von „für eine Anklage hat es wohl nicht ganz gereicht“ über „hat Glück gehabt, weil alles verjährt war“ und „da hat wohl jemand seine Hand drüber gehalten“ bis „etwas wird an der Sache schon dran gewesen sein“ gehen die „Wahrnehmungen“. Nicht selten wird einem auch schlicht Gerissenheit unterstellt, deretwegen die Strafverfolgungsbehörden nicht weiterkamen.

Es lohnt sich, etwas genauer zu betrachten, was in meinem Fall jeweils hinter diesem lapidaren Wort „Verfahrenseinstellung“ steckt. Dazu muss man wieder einen Blick in das Strafprozessrecht werfen. (Wie im Zivilrecht und im öffentlichen Recht ist auch im Strafrecht das materielle Recht und das Verfahrensrecht jeweils getrennt in umfangreichen Rechtskatalogen niedergelegt.)

In der Strafprozessordnung (StPO), deren Ausgangsfassung immerhin vom 1. Februar 1877 stammt, gibt es „die Verfahrenseinstellung" schlechthin gar nicht – für Rechtslaien, denen dieses Wort ja ständig unterkommt – durchaus erstaunlich. Stattdessen gibt es mehrere ganz unterschiedliche Arten von Verfahrenseinstellungen. Das Ergebnis ist beileibe nicht jeweils das gleiche, die möglichen Folgen auch nicht und die Bewertung der jeweiligen Verfahrenseinstellung führt zu ganz unterschiedlichen Einschätzungen – wenn man sich die Mühe macht, die Sache genau anzuschauen und präzise zu zitieren.

Es ist also der Mühe wert, sich in die Einzelheiten zu vertiefen und dazu die StPO zur Hand zu nehmen. Im Ersten Abschnitt des Zweiten Buches geht es (sinnigerweise!) unter der Überschrift „Öffentliche Anklage" um eine regelrechte Menge von „Verfahrenseinstellungen."

Sie beginnen mit dem

> **„§ 153 Absehen von der Verfolgung bei Geringfügigkeit**
>
> (1) Hat das Verfahren ein Vergehen zum Gegenstand, so kann die Staatsanwaltschaft mit Zustimmung des für die Eröffnung des Hauptverfahrens zuständigen Gerichts von der Verfolgung absehen, wenn die Schuld des Täters als gering anzusehen wäre und kein öffentliches Interesse an der Verfolgung besteht. Der Zustimmung des Gerichtes bedarf es nicht bei einem Vergehen, das nicht mit einer im Mindestmaß erhöhten Strafe bedroht ist und bei dem die durch die Tat verursachten Folgen gering sind.
>
> (2) Ist die Klage bereits erhoben, so kann das Gericht in jeder Lage des Verfahrens unter den Voraussetzungen des Absatzes 1 mit Zustimmung der Staatsanwaltschaft und des Angeschuldigten das Verfahren einstellen. …"

Es geht weiter mit

„§ 153a Absehen von der Verfolgung unter Auflagen und Weisungen

(1) Mit Zustimmung des für die Eröffnung des Hauptverfahrens zuständigen Gerichts und des Beschuldigten kann die Staatsanwaltschaft bei einem Vergehen vorläufig von der Erhebung der öffentlichen Klage absehen und zugleich dem Beschuldigten Auflagen und Weisungen erteilen, wenn diese geeignet sind, das öffentliche Interesse an der Strafverfolgung zu beseitigen, und die Schwere der Schuld nicht entgegensteht. Als Auflagen oder Weisungen kommen insbesondere in Betracht,

1. zur Wiedergutmachung des durch die Tat verursachten Schadens eine bestimmte Leistung zu erbringen,
2. einen Geldbetrag zugunsten einer gemeinnützigen Einrichtung oder der Staatskasse zu zahlen,
3. sonst gemeinnützige Leistungen zu erbringen.

Zur Erfüllung der Auflagen und Weisungen setzt die Staatsanwaltschaft dem Beschuldigten eine Frist, die in den Fällen des Satzes 2 Nummer 1 bis 3, 5 und 7 höchstens sechs Monate … beträgt. Die Staatsanwaltschaft kann Auflagen und Weisungen nachträglich aufheben und die Frist einmal für die Dauer von drei Monaten verlängern; mit Zustimmung des Beschuldigten kann sie auch Auflagen und Weisungen nachträglich auferlegen und ändern. Erfüllt der Beschuldigte die Auflagen und Weisungen, so kann die Tat nicht mehr als Vergehen verfolgt werden. …“

Damit hat es aber noch nicht sein Bewenden; es geht noch weiter:

„§ 153b Absehen von der Verfolgung bei möglichem Absehen von Strafe

(1) Liegen die Voraussetzungen vor, unter denen das Gericht von Strafe absehen könnte, so kann die Staatsanwaltschaft mit Zustimmung des Gerichts, das für die Hauptverhandlung zuständig wäre, von der Erhebung der öffentlichen Klage absehen.

(2) Ist die Klage bereits erhoben, so kann das Gericht bis zum Beginn der Hauptverhandlung mit Zustimmung der Staatsanwaltschaft und des Angeschuldigten das Verfahren einstellen."

Im Anschluss an diese drei Paragraphen finden sich noch eine Reihe von in gesonderten Paragraphen geregelten Möglichkeiten, Ermittlungsverfahren einzustellen, die aber wegen der Tatsache, dass sie Sonderfälle und Sondererwägungen des Gesetzgebers regeln, nicht allgemein angewendet werden und deshalb hier nicht weiter betrachtet werden sollen.

Auch wenn die Überschriften der drei vorstehend angeführten Paragraphen den Begriff „Verfahrenseinstellung" gar nicht enthalten und diese Worte im Text an eher unauffälliger Stelle stehen, werden diese Entscheidungen in der öffentlichen Berichterstattung und damit in der öffentlichen Wahrnehmung vorranging unter „Verfahrenseinstellung" registriert. Die drei genannten Fallgestaltungen werden von den Staatsanwaltschaften (jeweils mit Zustimmung des zuständigen Gerichts) recht häufig angewandt – nicht zuletzt auch aus arbeitsökonomischen Gründen. Weil zur Anwendung auch die Zustimmung des Beschuldigten erforderlich ist, kommt es nicht selten unweigerlich zu der Situation, dass der Beschuldigte, wenn er zur Zustimmung zu „einem Absehen von der Verfolgung" durch eine Staatsanwaltschaft aufgefordert wird, letztlich zwischen Scylla und Charybdis entscheiden muss. Selbst wenn er aus guten Gründen der Auffassung ist, dass die Beschuldigungen der Staatsanwaltschaft unzutreffend sind, wird er sich nicht selten zu einer Zustimmung bewegen/hinreißen lassen, weil er weiß, dass die Alternative – Anklageerhebung – wahrscheinlich für ihn deutlich schlechter – jedenfalls zeitlich, finanziell und was die öffentliche Wahrnehmung betrifft, viel unkalkulierbarer ist als so eine Verfahrenseinstellung ohne Wegfall des gegen ihn erhobenen Verdachts. Immerhin ist dann das Verfahren erst einmal abgeschlossen, es gibt keine öffentliche Resonanz und man bekommt den Kopf wieder frei für Anderes.

Es liegt überdies nicht unzulässig fern, in Betracht zu ziehen, dass eine Staatsanwaltschaft nicht sehr selten eine Verfahrenseinstellung nach den vorgenannten Paragraphen, insbesondere nach Paragraph 153a unter Anwendung des Abs. 1 Ziff. 2 (Geldzahlung an eine gemeinnützige Einrichtung oder an die Staatskasse) anwendet, um für einen Beschuldigten einen Anreiz zu schaffen für solche Aussagen, die die Strafverfolgungsbehörden für Verfahren, die ihnen wichtiger sind, gut gebrauchen können. Wenn ein Verfahren nämlich mit Zustimmung des Betroffenen eingestellt ist, dann ist dieser Betroffene nicht mehr Beschuldigter, sondern Zeuge, hat folglich kein Aussageverweigerungsrecht mehr und ist bei Aussagen zu wahrheitsgemäßen Angaben verpflichtet.

Auch die nächste Möglichkeit, ein strafrechtliches Ermittlungsverfahren einzustellen, kommt nicht mit diesem Thema in der Überschrift daher. Im Gegenteil: In der Überschrift kommt zum Ausdruck, was offenbar als primäres Ergebnis von Ermittlungen zu erwarten sein soll und der Alternativfall kommt sprachlich faktisch als untergeordneter Ausnahmefall daher.

> **„§ 170 Entscheidung über eine Anklageerhebung**
>
> (1) Bieten die Ermittlungen genügenden Anlass zur Erhebung der öffentlichen Klage, so erhebt die Staatsanwaltschaft sie durch Einreichung einer Anklageschrift bei dem zuständigen Gericht.
> (2) Andernfalls stellt die Staatsanwaltschaft das Verfahren ein. Hiervon setzt sie den Beschuldigten in Kenntnis, wenn er als solcher vernommen worden ist oder ein Haftbefehl gegen ihn erlassen war; dasselbe gilt, wenn er um einen Bescheid gebeten hat oder wenn ein besonderes Interesse an der Bekanntgabe ersichtlich ist."

So lapidar und eher verdruckst in dieser Formulierung die Verfahrenseinstellung gemäß § 170 Abs. 2 rüberkommt, so eminent wichtig und deutlich ist die Anwendung dieser Prozessvorschrift für alle Beteiligten. Wenn das Thema Verjährung (s. nächster Abschnitt) nicht greift, ist diese Einstellung eines strafrechtlichen Ermittlungsverfahrens „gemäß § 170 Abs. 2" für den Betroffenen so etwas wie die „Verfahrenseinstellung erster Klasse!" Diese

Begrifflichkeit kennt man in erster Linie aus der Strafgerichtsbarkeit als „Freispruch erster Klasse". Dort heißt es so, wenn ein Angeklagter aus tatsächlichen (keine hinreichenden Anhaltspunkte für die Tatbegehung) oder rechtlichen (Tat ist nicht strafbar) Gründen freigesprochen wird. Einen landläufig so genannten „Freispruch zweiter Klasse" gibt es, wenn das Gericht Anklagepunkte nicht als gänzlich unbewiesen ansieht, aber bei Gewichtung der Sachverhalte zu dem Ergebnis kommt, dass der Umfang der Beweise für eine Verurteilung nicht ausreicht. („Mangel an Beweisen")

Wenn man als Beschuldigter gar nicht erst zu einem gerichtlichen Verfahren gelangt, in dem ein oder mehrere unabhängige Richter darüber befinden, ob man eine Straftat begangen hat oder nicht, dann ist die Verfahrenseinstellung durch die Staatsanwaltschaft gemäß § 170 Abs. 2 StPO sozusagen mit Abstand das Beste, was man erreichen kann. Es bedeutet nicht mehr und nicht weniger, als dass die Strafverfolgungsbehörden den Anfangsverdacht oder den Tatverdacht, den sie erhoben haben und den sie durch die Ermittlungen zu beweisen versucht haben, fallen lassen müssen. Und zwar fallen lassen zur Gänze!

Jede Staatsanwaltschaft wird diese Formulierung (Nichtaufrechterhaltung des Tatverdachts) in der Einstellungsbegründung vermeiden, sie muss sie ja auch nicht gebrauchen. Man wird auch nicht verlangen können, dass eine Staatsanwaltschaft eine gefühlte Niederlage auch noch deutlich beschreibt. Denn in der Praxis wird eben nicht mit Gleichmut gegenüber dem Ergebnis ermittelt, wie es die StPO eigentlich will, sondern durchaus ergebnisorientiert. Und wie man in den Formulierungen der StPO unschwer erkennen kann, erwartet der Gesetzgeber von der Exekutivbehörde Staatsanwaltschaft auch gar nicht, dass sie eine Niederlage eingesteht, vielleicht sogar Fehler einräumt, die sie dazu gebracht haben, einen Verdacht noch aufrechtzuerhalten, als er eigentlich bei genauem Hinsehen schon nicht mehr gerechtfertigt war. Der Gesetzgeber erwartet erst recht nicht ein Wort der Entschuldigung, wenn eine Staatsanwaltschaft einem Bürger über Monate und Jahre mit öffentlicher Wirkung eine Straftat unterstellt hat und zum Schluss doch klein beigeben und die Unterstellung zurücknehmen muss, worüber in der Öffentlichkeit dann natürlich eher nicht berichtet wird.

Aber der Volksmund tickt gottseidank anders als der Gesetzgeber, der dem fälschlicherweise Verdächtigten unter Ansehung des zentralen Grundrechts des Grundgesetzes (Art 1 GG: Die Würde des Menschen ist unantastbar. Sie zu achten und zu schützen ist Verpflichtung aller staatlichen Gewalt.) durchaus etwas mehr Ehrenrettung verschaffen könnte. Immerhin beeinträchtigen strafrechtliche Vorhaltungen unzweifelhaft die Ehre eines Menschen; es sollte eigentlich unstrittig sein, dass derjenige, der solche Vorhaltungen erhebt, in dem Fall, in dem sie sich als unrichtig erweisen, eine besondere Verpflichtung hat, an der Wiederherstellung der Ehre des unzutreffend Verdächtigten mitzuwirken.

Wenn man einen Staatsanwalt auf dieses Thema anspricht, wird er immer zweierlei antworten:

1. Wir weisen ja in öffentlichen Verlautbarungen immer darauf hin, dass bis zu einer etwaigen gerichtlichen Entscheidung die Unschuldsvermutung gilt.
2. Eine Staatsanwaltschaft begreift sich als „objektivste Behörde der Welt", weil sie den Auftrag hat, in einem Ermittlungsverfahren im Hinblick auf den Verdächtigen sowohl alle belastenden als auch alle entlastenden Aspekte zu ermitteln und zu bewerten.

Damit sind wir bei dem amüsanten Aspekt dieses Abschnitts. Beide Beteuerungen sind echte Lachnummern. Ich bin sicher nicht der Einzige, der das so sieht, weil er es am eigenen Leib erlebt hat. Ich kann es aus meinen Ermittlungsakten deutlich machen und das soll in diesem Buch auch geschehen.

Die Unschuldsvermutung wird – und es wirkt textlich meistens wie ein notwendiges Übel – an den Schluss von Pressemitteilungen der Staatsanwaltschaft gesetzt. Auch in Presseveröffentlichungen hat sie keinen höheren Status als das notgedrungen unvermeidliche, aber ungeliebte Anhängsel. Beides wird dem Rang, den ihr immerhin die Europäische Menschenrechtskonvention in ihrem Artikel 6 einräumt, in keiner Weise gerecht. Entscheidend ist, dass sowohl im Verhalten der Strafverfolgungsbehörden als auch der Presse überdeutlich mehr Verfolgungseifer und Vorverurteilung aufscheint als Unschuldsvermutung.

Und auch die angeblich objektive Arbeitsweise der Staatsanwaltschaft kann ich nach Durchsicht meiner Akten überhaupt nicht bestätigen. Dazu würde ja zweierlei gehören:

- das zumindest sorgfältige und kritische Durchlesen der Ermittlungsakten und -berichte der Kriminalpolizei; verbunden mit der kritischen Überlegung, ob das alles stimmen kann, was einem da aufgetischt wird,
- eine aufmerksame Wahrnehmung, ob in den Ermittlungsakten wirklich ein Augenmerk auch auf Fakten gelegt wird, die den Beschuldigten entlasten, und ob überhaupt zwischen belastenden und entlastenden Fakten abgewogen wird.

Nur unter diesen beiden Aspekten könnte man von Objektivität bei den Ermittlungen sprechen. Aus meinen Akten spricht allerdings nur ein stetes Bohren in die Richtung „Belastung“, ein kritikloses Übernehmen von Behauptungen, ohne zu überlegen, ob sie wirklich stichhaltig sind, und das Bemühen, einen einmal eingeschlagenen Weg unbeirrt weiterzuverfolgen und sich nicht durch Blicke nach links und rechts von diesem Weg abbringen zu lassen, erst recht nicht von so etwas „Belanglosem“ wie Fakten.

Jede Staatsanwaltschaft wird die vorstehende Bemerkung mehr oder weniger entrüstet zurückweisen. Dabei findet man in meinen Ermittlungsakten jede Menge Belege dafür, dass sie zutreffend ist; und ich muss leider vermuten, dass sich diese Schlussfolgerung nicht nur aus der Lektüre meiner Akten ableiten lässt.

Kurz gefasst ist es so: Die entlastenden Fakten kommen nicht von den Ermittlern, die muss der Beschuldigte (meist über seinen Anwalt) immer erst selbst vortragen!

„Ich kann die Achtung aller Menschen entbehren,
nur meine eigene nicht."

Otto von Bismarck, dt. Politiker

NUR WEGEN VERJÄHRUNG DAVONGEKOMMEN?

Im vorherigen Abschnitt wurde die Verfahrenseinstellung gemäß § 170 Abs. 2 StPO als Teil einer ganzen Palette von Einstellungsmöglichkeiten dargestellt. Wenn man diese breite Palette genau betrachtet, ist schnell klar, dass eine solche Verfahrenseinstellung den „massivsten" Beleg dafür darstellt, dass die Strafverfolgungsbehörden mit ihren Verdächtigungen und Beschuldigungen falsch lagen.

Es gibt aber für die Staatsanwaltschaften noch einen Ausweg, um bei einer Verfahrenseinstellung nach § 170 Abs. 2 StPO nicht auch noch vollends alle lange gepflegten, mühsam untersuchten und auch öffentlich geäußerten Anfangs- und dringenden Tatverdachte schmählich räumen zu müssen: das Thema Verjährung.

Es kommt vor, dass eine Staatsanwaltschaft von dem Verdacht auf eine Straftat, den sie gegenüber dem Beschuldigten hegt, überzeugt ist und trotzdem das Verfahren gemäß § 170 Abs. 2 StPO einstellen muss. Das ist der Fall, wenn die dem Täter zur Last gelegten Straftaten gemäß StGB verjährt sind. Dann wird in der Begründung der Einstellungsverfügung die Verjährung ausführlich festgestellt und begründet, zum Tatverdacht braucht nichts mehr weiter ausgeführt zu werden. Er braucht in diesem Fall natürlich auch nicht zurückgenommen zu werden.

Nach alledem ist klar, dass eine Verfahrenseinstellung gemäß § 170 Abs. 2 StPO ohne Verjährung für eine Staatsanwaltschaft die „unangenehmste" Beendigung eines Arbeitsprozesses ist, denn er endet ohne das erwartete Ergebnis. Es ist verständlich, dass eine Staatsanwaltschaft daher, wenn sie schon in einer solchen Situation einstellen muss, versuchen wird, das mit dem Hinweis auf eingetretene Verjährung tun zu können. Dies ist auch im Hinblick auf die öffentliche Wirkung einer Verfahrenseinstellung ganz entscheidend.

Ich konnte das alles als Betroffener in einem Verfahrenskomplex, der mehrere Jahre eine immense Aufmerksamkeit in der Öffentlichkeit gefunden hat, sehr gut am eigenen Leib erleben. Es gab in diesem Komplex eine Reihe Beschuldigter, davon einige Prominente. Abgesehen von den Beschuldigten aus der Bauträgerbranche gab es zunächst nur Beschuldigte, die politisch der SPD zuzurechnen waren. Nach einiger Zeit gab es die ersten Anklagen, dann die Zulassung der Anklagen durch die Gerichte und dann die ersten Hauptverfahren. In jeder dieser Phasen gab es auch Nachfragen der Presse, wann denn bei dem früheren Oberbürgermeister von der CSU mit einem Abschluss der Ermittlungen und ggf. einer Anklage zu rechnen wäre. Mehr als nur zwischen den Zeilen stand dabei immer die Einschätzung im Raum, bei mir müsste es ja wohl auch auf eine Anklage hinauslaufen, weil es ja sicherlich „schon seit langer Zeit ein System Regensburg" gegeben haben müsse, in dem korrupte Verhältnisse die Regel gewesen sein müssten.

Just in dieser Zeit tauchten in der veröffentlichten Meinung – weil in meiner Sache für Außenstehende offenbar nichts voranging – die ersten Vermutungen auf, „der Schaidinger" sei wohl glücklicherweise wegen Verjährung davongekommen. Anders konnte man sich den Ablauf nicht erklären und anders wollte man sich die Tatsache, dass es in meinem Fall nicht zu einem Ermittlungsabschluss mit Anklage kam, auch nicht erklären. Dass die Beschuldigungen gegen mich immerhin auch schlicht unzutreffend oder falsch sein könnten, habe ich in dieser Zeit jedenfalls nirgends gelesen.

In diesem fortgeschrittenen Stadium der Ermittlungen gegen mich konnte ich schon recht gut einschätzen, dass sämtliche der gegen mich erhobenen Vorwürfe völlig haltlos und von mir bzw. meiner Anwältin mit schlichten Sachargumenten zu widerlegen waren. Bei dieser guten „Ausgangsposition“ wollte ich auf keinen Fall, dass es heißen könnte: Naja, da war schon was, aber er ist halt wegen Verjährung der Vorwürfe nochmal davongekommen!

Gottseidank kann ich heute nach Abschluss aller Verfahren feststellen, dass keiner der Vorwürfe, die man mir gemacht hat, wenn er gestimmt hätte, verjährt gewesen wäre. Keiner! In allen Fällen musste die Staatsanwaltschaft die Vorwürfe letztlich fallenlassen, weil sie für die Verdachtsmomente, die man aufgestellt hatte, keine Beweise finden und vorlegen konnte.

Wie gerne die Staatsanwaltschaft, wenn sie denn gekonnt hätte, auf das Thema Verjährung aufgesprungen wäre, um die Beschuldigungen nicht zurücknehmen zu müssen, kann man sehr gut an der Begründung für die Verfahrenseinstellung in der Sache Nibelungenkaserne ablesen.

Diese Begründung umfasst fünf DIN-A-4-Seiten. Die erste Seite ist der Wiederholung der Sachverhaltsdarstellung gewidmet und eine weitere Seite der Verjährungsfeststellung für einen Nebenaspekt, bei dem man zum Schluss doch auch eingestehen musste, dass er ohnehin nicht relevant gewesen wäre. Immerhin die zwei letzten Seiten musste man sich doch dem Eingeständnis der Tatsache widmen, dass nach umfangreichen Ermittlungen sich keine der erhobenen Beschuldigungen durch die Ermittlungen belegen bzw. beweisen ließ.

„Das Gerücht ist wie Falschgeld:
Rechtschaffene Menschen würden es niemals herstellen,
aber sie geben es bedenkenlos weiter."

Claire Boothe Luce, amerik. Journalistin

„Leute, die zu nichts fähig sind,
sind zu allem fähig."

John Steinbeck, amerik. Schriftsteller

FEUERBACHWEG

Man hatte bei den Strafverfolgungsbehörden nach immerhin mehr als einem Jahr intensiver Ermittlungen wohl schon eine Vorahnung, dass bei dem Verfahren „Nibelungenkaserne/BTT" nichts herauskommen könnte. Umso dringender musste das Bemühen werden, doch „irgendwie" zu einem vorwerfbaren Verhalten des Beschuldigten zu kommen, vielleicht um der Erwartungshaltung der Öffentlichkeit und der Medien gerecht zu werden, vielleicht auch, weil der innenpolitische Druck zu groß war? Kann man sich trauen, einen Oberbürgermeister anzuklagen und das Verfahren gegen seinen Vorgänger einzustellen? Muss man da nicht befürchten, dass es in der Presse massive Vermutungen über „parteiliche" Strafverfolgungsbehörden geben würde?

Ein bewährtes Mittel ist es in einer solchen Situation, auf die Suche nach Zufallsfunden zu gehen. Nur so ist es erklärlich, dass man in dieser Zeit auch in anderen Vorgängen gräbt. Dazu gab es im Herbst 2017 beim Sachgebiet 152 der StA Regensburg das AR-Verfahren 267/17. AR heißt: Allgemeine Rechtssache. Das sind Verfahren in einem Stadium, in dem man noch niemand einen konkreten Tatverdacht zuordnen kann. Am 20. Oktober 2017 überführte die StA dieses AR-Verfahren in eine Js-Sache. Das bedeutet, dass man an diesem Tag wieder eine konkrete Beschuldigung gegen mich formulierte. Der Einfachheit halber hieß der Tatvorwurf wieder „Bestechlichkeit".

Also besorgte man sich einen Tag nach dem zweiten Durchsuchungsbeschluss im Verfahren Nibelungenkaserne, also am 10. Januar 2018, noch einen weiteren. Sehr interessant an diesem Vorgang ist, dass offenbar der Ermittlungsrichter, der sonst den Vorträgen der StA erkennbar gutwillig vertraute, dem Tatvorwurf der Bestechlichkeit nun nicht mehr folgen wollte, er hat es in diesem Durchsuchungsbeschluss bei Vorteilsannahme „belassen".

Weil man sich der Peinlichkeit von insgesamt 3 Hausdurchsuchungen offenkundig nicht aussetzen wollte, führte man den 2. Durchsuchungsbeschluss Nibelungenkaserne und diesen 3. Durchsuchungsbeschluss „in einem Aufwasch" durch. Am 11. Januar 2018 wurden ohne mein Einverständnis eine große Zahl von Akten und Unterlagen in meinem Haus durchgesehen und ein Teil davon in Gewahrsam genommen und mitgenommen. Darunter waren unter anderem Unterlagen über die Haltergemeinschaft für ein Flugzeug, (ich bin leidenschaftlicher Sportflieger, besitze aber kein eigenes Flugzeug, sondern betreibe eines zusammen mit zwei Freunden) alle Terminkalender 2011 bis 2014, die Buchführungsunterlagen meiner freiberuflichen Tätigkeit, alle meine Computer, Festplatten, iPads, Handys und Geschäftsunterlagen, die ganz andere Projekte betrafen als die bisher betrachteten.

Als Betroffener und juristischer Laie macht man sich zu einem solchen Zeitpunkt keine Vorstellung darüber, warum Unterlagen durchgesehen und mitgenommen werden, die mit den Beschuldigungen keinen erkennbaren Zusammenhang haben. Wiederum habe ich bis nach erfolgter Akteneinsicht durch meine Anwältin gerätselt, was man mir wohl vorwirft und wie man zu diesen Vorwürfen kommt, erst recht habe ich wieder darüber gerätselt, wie es zum Vorwurf der Bestechlichkeit kommen kann.

Aus der Akteneinsicht ergab sich folgendes:
Das Blatt Nr. 001a in dieser Ermittlungsakte ist die Verfügung der StA Regensburg, eine AR-Akte (AR heißt: Allgemeine Rechtssache und bedeutet, dass zunächst „allgemein", das heißt noch nicht gegen jemand

Bestimmten, ermittelt wird) anzulegen mit dem Vermerk: „Es handelt sich um eine Entscheidung über die Erteilung einer Baugenehmigung in der Amtszeit des Oberbürgermeisters Schaidinger."

Die Blätter 002 bis 005 der Akte sind Ausdrucke aus einem Artikel „Eine erstaunliche Baugenehmigung" in dem Internet-Blog „regensburg-digital", offenbar veröffentlicht am 14. März 2017, von wem auch immer ausgedruckt am 15. März 2017. Die Blätter 006 bis 008 sind Ausdrucke eines unmittelbar darauf am 19. März 2017 erschienen Artikels mit der Überschrift „Baugenehmigung von Schaidingers Gnaden", ausgedruckt am 20. März 2017 und noch heute im Internet verfügbar.

Am Anfang also zwei Veröffentlichungen. Nicht etwa Presseartikel im herkömmlichen Sinne und mit einem herkömmlichen Qualitätsanspruch, sondern ein Blog und ein digitales Blatt. Aus dem ersten Artikel geht hervor, dass jemand dem Herausgeber dieses Blogs Unterlagen zugespielt hat. („Unterlagen, die unserer Redaktion vorliegen"). Im zweiten wurde der Stab bereits vorgreiflich über mir gebrochen: „Hans Schaidinger drückte 2013 die Baugenehmigung im Feuerbachweg durch. Der Bauherr ist ein alter Freund des damaligen Oberbürgermeisters."

Wie fast immer, wenn so was passiert, geht es demjenigen, der etwas durchsticht, nicht um die Aufklärung objektiver Verhältnisse, sondern darum, dass etwas in seinem subjektiven Sinne dargestellt wird. Das führt bei Artikeln, die auf solcher Datengrundlage erscheinen, häufig, wenn nicht regelmäßig dazu, dass höchstens die Hälfte dessen, was im Artikel steht, richtig ist und der Rest falsch. Das wäre weiter noch nicht so tragisch, weil der nicht unkritische Leser solcher Artikel sich schon denken kann, dass höchstens die Hälfte richtig und mindestens die Hälfte falsch ist. Das Problem ist nur: Der Leser weiß nicht, welche „Hälfte" die richtige und welche die falsche ist!

Weil in den Presseartikeln offen die Vermutung geäußert wird, bei der beschriebenen Baugenehmigung sei es nicht mit rechten Dingen zugegangen, und der Oberbürgermeister hätte auf nicht korrektem Wege eine Baugenehmigung „durchgedrückt“, beauftragt die StA Regensburg die Kripo mit Ermittlungen.

Diese Entscheidung ist überhaupt nicht zu kritisieren, denn die zuständige Staatsanwältin ist in derselben Lage wie ein Zeitungsleser: Sie weiß nicht, was an dem Artikel richtig und falsch ist. Und sie hat gesetzlich den Auftrag, einem Anfangsverdacht nachzugehen. Also läuft die Entwicklungsmaschinerie an. Dass dies freilich gleich mit einem massiven Grundrechtseingriff, nämlich einer Hausdurchsuchung, beginnt, lässt sich mit dem Gebot der Zurückhaltung und des angemessenen Umgangs mit den Grundrechten des Staatsbürgers kaum vereinbaren. Zeigt es vielleicht, wie sehr der Staatsanwaltschaft daran gelegen ist, sich keinerlei Blöße zu geben, nicht mit aller Kraft auch gegen Oberbürgermeister vorzugehen?

Die Kriminalpolizei durchkämmt über Monate einen Stapel von Bauakten, lässt von einem Polizeihubschrauber Schrägluftbilder des Grundstücks anfertigen, die man auch aus Google Earth hätte gewinnen können (Flugkosten pro Flugstunde sicher deutlich über tausend Euro), durchkämmt internen E-Mail-Verkehr der Stadtverwaltung, den privaten E-Mail-Verkehr des Bauantragstellers Peter Schober mit mir, den E-Mail-Verkehr dieser beiden Betroffenen mit unbeteiligten Dritten, überprüft die Geldflüsse auf Bankkonten mehrerer Personen und fertigt unter dem Datum des 11. Oktober 2017 einen Zwischenbericht.

Darin wird zunächst weithin der Akteninhalt wiedergegeben. Nachdem der Berichtsverfasser der Kripo daraus keine korruptive Verknüpfung zwischen Schaidinger und dem Bauantragsteller entnehmen kann, er sich aber offenbar sicher in der Annahme fühlte, dass da „doch etwas sein müsse“, worin er sich durch die Artikel in regensburg-digital angeregt und bestätigt fühlt, regt er zunächst eine ganze Latte weiterer Ermittlungsmaßnahmen an. Derweil berichtet das Internetblättchen stolz über den „journalistischen Erfolg“ und veröffentlicht am 3. Mai 2017:

„Unsere Berichterstattung zu einer fragwürdigen Baugenehmigung für einen Kumpel von Alt-OB Hans Schaidinger hat die Staatsanwaltschaft auf den Plan gerufen. Man prüft, ob ‚ein strafrechtlich relevantes Verhalten' vorliegt."

Zentral ist für den Berichterstatter der Kripo das „besondere" Verhältnis zwischen Schaidinger und Schober, das er im Bericht lapidar auf zwei Fakten stützt: Zuerst zitiert er den schon erwähnten Artikel aus regensburg-digital vom 14. März 2017: „ … *Schober ist kein Unbekannter. Der 74-jährige gilt als enger Freund des vormaligen Oberbürgermeisters Schaidinger. … Erst im Februar konnte man Schober und Schaidinger gemeinsam im Hofbräuhaus antreffen, laut lachend und bei bester Stimmung.*" Weiters wird lediglich die Tatsache angeführt, dass man bei einem anderen Vorgang darauf gekommen sei, dass Schaidinger und Schober gemeinsam mit einem Dritten im Rahmen einer Haltergemeinschaft ein Sportflugzeug betreiben würden.

Wohlgemerkt: Allein, dass man sich mit einem Freund, mit dem man gemeinsam ein Hobby pflegt, „bei bester Stimmung" im Gasthaus trifft, reicht für die Kriminalpolizei aus, eine „besondere Nähe" zu unterstellen, die „besonders" zu untersuchen sei – wobei „das sich kennen" allein eigentlich nicht strafbar sein kann, etwas mehr müsste es dann wohl schon sein. Aber allzu kleinlich ist man mit solchen Details eher nicht – das würde die Presse wohl auch nicht verstehen.

Auch wenn die Kripo nichts Konkretes anregt oder empfiehlt; der Inhalt dieses Berichts führt offenbar nicht zu einer zurückhaltenden Einschätzung. Die StA lässt sich vielmehr beeindrucken und fährt gleich sehr schweres Geschütz auf. Sie beantragt am 3. Januar 2018 Durchsuchungsbeschlüsse gegen die Betroffenen, die der Ermittlungsrichter am Amtsgericht Regensburg am 10. Januar 2018 auch unterschreibt.

Es lohnt sich, an dieser Stelle einmal zu betrachten, auf welcher Grundlage ein Staatsanwalt und ein Richter in diesem Staat einen Bürger letztlich aufgrund eines Zeitungsartikels einer Korruptionsstraftat beschuldigen (Auszug aus der Ermittlungsakte, Blatt 130):

> *Hinsichtlich des Sachverhalts um die Baugenehmigung am Feuerbachweg in Regensburg bestehen keine Anhaltspunkte dafür, dass Vorteile zwischen dem Beschuldigten Schaidinger und Schober ausgetauscht wurden. Der Sachverhalt zeigt jedoch deutlich das aufgrund einer privaten Freundschaft bestehende Näheverhältnis zwischen Schaidinger und Schober. Der Beschuldigte Schaidinger hat zugunsten des Beschuldigten Schober in den Entscheidungsprozess der Stadtverwaltung eingegriffen (vgl. Aufstellung Bl. 16f). Ein Dritter ohne die Verbindung zum Oberbürgermeister hätte die Baugenehmigung, jedenfalls so wie sie ergangen ist, nicht erhalten (vgl. Aussage Zeuge ███████ (Schwärzung durch den Autor) Bl. 10).*

Es ist an der Zeit, einmal den zugrundeliegenden Vorgang zu berichten, so wie er sich wirklich zugetragen hat:

Im Juli 2011 ruft mich Peter Schober an und erzählt mir, dass ihm ein Baugrundstück in der Gemarkung Dechbetten in Regensburg angeboten worden sei. Auf dem Grundstück gebe es Baurecht, was durch eine bestehende Baugenehmigung dokumentiert sei, deren Ausführungsfrist noch laufe. Obwohl das Grundstück erschließungstechnisch und wegen der Nähe zur Autobahn A 93 nicht optimal sei, könnte er sich vorstellen, dort Wohnungen zu bauen. Die bestehende Baugenehmigung sehe 4 Wohneinheiten in zwei Doppelhäusern vor, er sei aber irritiert, dass auf dem Grundstück damit nur eine weniger dichte Bebauung genehmigt worden sei als in der Nachbarschaft, in der es unter anderem Geschosswohnungsbauten mit je 8 Wohneinheiten gebe. Zudem habe das Bauordnungsamt der Stadt einem Architekten, der wegen Änderungen der Baugenehmigung für die bisherige Grundstückseigentümerin bereits angefragt habe, erklärt, dass man Änderungen an der Baugenehmigung (Maß der Bebauung und Zahl der Wohneinheiten) für nicht genehmigungsfähig halte und dass man ein neues Baugesuch nur bearbeiten werde, wenn dazu alle Nachbarunterschriften vorliegen würden. Ich konnte dazu im Telefonat naturgemäß keine spontane Auskunft geben, sicherte ihm aber zu, dass ich mich in dieser Sache kundig machen und ihn wieder anrufen würde.

Notwendiger Einschub: Dieses Verhalten meinerseits war nicht im Mindesten eine besondere Behandlung dieses Falles und dieses Anrufers, sondern 18 Jahre lang und gegenüber jedem, der mir eine solche Information vortrug, das für mich angemessene Verhalten. Wenn mir ein solcher Vorgang schon bei der ersten Information aus meiner Kenntnis oder aus der Sachverhaltsschilderung als in Ordnung erschien, habe ich das dem, der mich darauf angesprochen hat, unmittelbar gesagt und keine weiteren Recherchen unternommen. Wenn mir eine Sache nicht unmittelbar einleuchtete, habe ich immer, ohne Ansehen der Person, die mir die Angelegenheit vortrug, mich um weitere Informationen gekümmert. Solche Anfragen waren also für mich alltäglich, der Normalfall war auch, dass ich mich selbst um den Sachverhalt kümmerte, egal ob die ursprüngliche Information an mein Büro oder mich persönlich gerichtet wurde.

So war es auch bei dieser Anfrage. Entscheidend für die Frage, ob die genehmigte Baudichte schon abschließend korrekt entschieden war, ist § 34 des Baugesetzbuches (BauGB), der das Einfügen einer solchen Bebauung in einen bereits bebauten Bereich definiert, für den es keine Festsetzungen eines Bebauungsplans gibt.

Ich warf also zuerst im internen Planungs-Informationssystem der Stadtverwaltung einen Blick auf die Folie der Stadtgrundkarte, in der nicht nur die Bestandsgebäude, sondern auch die genehmigten, aber noch nicht ausgeführten Bauvorhaben dargestellt sind. Daraus ergab sich, dass von der baulich zu nutzenden Fläche her tatsächlich nur eine geringere Grundstücksausnutzung genehmigt war, als in der Nachbarschaft teilweise schon vorhanden war. Das erhöhte noch meine Neugierde und ich rief den Leiter des Bauordnungsamtes an.

Ich bat ihn um Darstellung des Sachverhalts und einer Begründung dafür, ob und wenn ja, warum die bisher genehmigte geringere bauliche Ausnutzbarkeit des Grundstücks gegenüber der Ausnutzung der Nachbargrundstücke aufgrund einer besonderen Situation oder Gegebenheit zwingend wäre.

Der Amtsleiter brachte in diesem Telefonat zunächst allgemeine Aspekte vor wie z. B. die Lage an der vielbefahrenen Autobahn und die nicht gesicherte Erschließung aufgrund des nicht endgültig hergestellten Feuerbachwegs.

Ich entgegnete, dass der Aspekt der Lage in der Nähe der A 93 zwar generell bei der Frage der Bebaubarkeit eines Grundstücks eine Rolle spielen könnte, z. B. im Hinblick darauf, ob die immissionsschutzrechtlichen Vorschriften eingehalten werden könnten, aber nicht für eine unterdurchschnittliche bauliche Ausnutzung des Grundstücks herangezogen werden könne. Denn die Nachbargrundstücke seien ja exakt derselben Belastung ausgesetzt. Genauso verhalte es sich mit der Erschließung: Wenn ein Ausbau des Feuerbachwegs zur Herstellung einer gesicherten Erschließung erforderlich sei, sei das kein Ablehnungsgrund. Vielmehr müsse der Bauwerber sich dann verpflichten, die Erschließung auf eigene Kosten vorzunehmen bzw. zu verbessern; erst eine Ablehnung einer solchen Forderung könne eine geringe Ausnutzung rechtfertigen.

Der Amtsleiter berichtete mir daraufhin, dass frühere Bauwerber, darunter die Eigentümerin des Grundstücks, bisher den Aufwand für den Ausbau des Feuerbachwegs abgelehnt hätten. Ich fragte ihn daraufhin, ob Herr Schober oder sein Architekt das ebenfalls abgelehnt hätten, worauf der Amtsleiter entgegnete, dass darüber nach seiner Erinnerung bei dem vorausgegangenen Termin gar nicht gesprochen worden sei.

Nachdem ich bis zu diesem Zeitpunkt des Telefonats keinen stichhaltigen und/oder nicht behebbaren Grund für die Versagung einer höheren Grundstücksausnutzung genannt bekommen hatte, kam mir die Sache etwas unerklärlich vor und ich fragte rundheraus, ob das Bauordnungsamt aus einem anderen Grund keine höhere Ausnutzung genehmigen wollte. Wer meint, dass ich mich damit primär für einen Bekannten eingesetzt hätte, der irrt. In erster Linie ist es die Aufgabe des Oberbürgermeisters, die Gesetzmäßigkeit der Verwaltung sicher zu stellen. Entscheidungen, die nicht nach der Gesetzeslage und dem Gleichbehandlungsgrundsatz verlaufen sein könnten, müssen einen Oberbürgermeister in seiner Funktion als Chef der Verwaltung zwingend interessieren.

Nach einigem Zögern berichtete der Amtsleiter, dass der unmittelbare Nachbar des fraglichen Grundstücks ein Herr W. sei. Herr W. sei als ein höherer Beamter bei der Regierung der Oberpfalz, der Aufsichtsbehörde der kreisfreien Stadt Regensburg und beim Bauordnungsamt „amtsbekannt“, weil er gegenüber dem Amt bereits zum Ausdruck gebracht habe, dass er sich nur eine geringe bauliche Ausnutzung seines Nachbargrundstücks vorstellen wolle und könne.

Auf meinen Vorhalt hin, dass das für eine korrekte (der Fachbegriff heißt: „ermessensfehlerfreie“) Entscheidung der Stadt aber doch keine Rolle spielen dürfe, räumte der Amtsleiter ein, dass das Bauordnungsamt mit bei der Regierung der Oberpfalz einflussreichen Beamten keinen Ärger, sondern ein gutes Verhältnis haben wolle. Deshalb habe man sich seitens des Bauordnungsamtes hinsichtlich des Umfangs der Baugenehmigung auf dem betroffenen Areal Feuerbachweg 10/12 bislang an dessen Wunsch als Nachbar weitgehend orientiert.

Der Amtsleiter führte in diesem Telefongespräch außerdem aus, dass, nachdem Herr W. angedeutet hatte, dass eine intensivere Bebauung im Wege der Nachbarschaftsklage verwaltungsgerichtlich überprüft werden könnte, man sich im Bauordnungsamt erst recht entschlossen habe, Herrn W. „nicht zu reizen.“

Ich machte in diesem Telefonat daraufhin deutlich, dass ich eine solche Entscheidung im Hinblick auf die Pflicht der Verwaltung zum rechtmäßigen Handeln und zur Einhaltung des Gleichbehandlungsgrundsatzes nicht akzeptieren könne. Dies gelte auch im Hinblick auf das Risiko einer Rechtsstreitigkeit vor dem Verwaltungsgericht. Eine solche müsse die Stadt als Untere Verwaltungsbehörde aushalten.

Entsprechend machte ich deutlich, dass ich ein Wiederaufgreifen des Verfahrens erwarte. Nachdem der Amtsleiter einwandte, dass das Bauordnungsamt „schlecht aussähe", wenn es jetzt in eigener Zuständigkeit und auf eigene Veranlassung bei dieser Angelegenheit erneut tätig würde, bot ich ihm an, das Wiederaufgreifen der Angelegenheit so ablaufen zu lassen, dass weder er noch seine Mitarbeiterinnen und Mitarbeiter im Bauordnungsamt bloßgestellt würden. Deshalb würde ich selbst die Grundstückseigentümerin, den Architekten und das Bauordnungsamt zu einer Besprechung laden, in der der Weg für eine neue Beurteilung der Bebaubarkeit des fraglichen Grundstücks eröffnet werden sollte, ohne dass ich dabei die im Telefonat erhaltenen Informationen offenlegen würde.

Vor diesem Hintergrund kam es zu einer Besprechung in meinem Büro am 1. August 2011.

Als Teilnehmer waren eingeladen und auch anwesend: der Ehemann der Grundstückseigentümerin als ihr Vertreter, der von der Grundstückseigentümerin beauftragte Architekt, der Leiter des Bauordnungsamtes, der Leiter des Liegenschaftsamts (wegen der Klärung der Grundstücksverfügbarkeit für einen Ausbau des Feuerbachwegs) und die Mitarbeiterin aus meinem Büro, die den Vorgang bearbeitete.

Der Inhalt und das Ergebnis dieser Besprechung bezüglich der Bebauung am Feuerbachweg (es ging in der Besprechung auch noch um ein anderes Vorhaben) ist zwei Aktenvermerken zu entnehmen. Zur Klarstellung: Beide Vermerke zitiere ich nicht aus Akten der Stadtverwaltung, sondern aus meiner Ermittlungsakte.

So hält der Leiter des Bauordnungsamtes in seinem Aktenvermerk vom 1. August 2011 Folgendes fest:

„In obiger Angelegenheit liegt ein Vorbescheid vor zur Frage der Zulässigkeit der Errichtung von zwei Doppelhäusern mit insgesamt vier Wohneinheiten.

Als Planungsalternative hält Dir. D 1 (verwaltungsinterne Funktionsbezeichnung des Oberbürgermeisters; Anmerkung des Autors) die Errichtung von zwei Mehrfamilienhäusern anstelle der Doppelhäuser für zulässig, wobei allerdings zwingend Baukörpergröße, Stellung und Geschossigkeit nicht verändert werden dürfte. Die Zahl der zulässigen Wohneinheiten hängt von dem Ergebnis der Nachbarbeteiligung ab. Auf den entsprechenden Hinweis des Unterzeichners hin, ist ein Dachgeschossausbau möglich, jedoch nur in dem Umfang, wie das Gebäude im Rahmen des Vorbescheidsverfahrens für zulässig gehalten worden ist. Um ein entsprechendes Wohnumfeld zu erhalten, ist die Errichtung einer Tiefgarage erforderlich.

Der Unterzeichner erläuterte aufgrund der Planungsvorgeschichte, dass es in der Vergangenheit Probleme mit der Erschließung bzw. mit den Nachbarn gegeben habe. Daraufhin entschied Dir. D 1, dass der Feuerbachweg ausgebaut und die entsprechende Fläche gewidmet werden solle. Amt 63 soll die Frage der Widmung mit Amt 65 klären. Die Kosten für den Ausbau des Feuerbachweges muss allerdings der Antragsteller tragen. Dies gilt auch für die Herstellung des entsprechenden Wendehammers."

Die Mitarbeiterin aus dem Oberbürgermeister-Büro hält in ihrem Aktenvermerk vom 1. August 2011 fest:

- *Herr S. (der Architekt, Anmerkung des Autors) spricht … noch das Bauvorhaben am Feuerbachweg, Fl. Nr. 29/6, Gem. Dechbetten, an.*
- *hierfür gebe es einen gültigen Vorbescheid für die Errichtung von zwei Doppelhäusern*

- *die Doppelhäuser (vier Wohneinheiten) lassen sich jedoch nicht vermarkten, weshalb man zwei Geschosswohnungsbauten mit je acht Wohneinheiten und Tiefgarage plane*
- *D 1 und Herr R. erwidern, dass die zulässige Zahl der Wohneinheiten maßgeblich vom Nachweis einer gesicherten Erschließung und der Zustimmung der Nachbarn abhänge*
- *D 1 weist darauf hin, dass sich der Feuerbachweg zwar in städtischem Eigentum befinde, aber nur bis Hausnummer 6 öffentlich gewidmet sei*
- *für die Herstellung des Reststückes (bisher Schotterweg) müsse sich der Bauherr durch städtebaulichen Vertrag verpflichten*
- *im Falle einer Bebauung des oben genannten Grundstücks müsse auch ein Wendehammer am Ende des Feuerbachweges geschaffen werden*
- *ggf. müsse dann mit Amt 65 eine mögliche öffentliche Widmung abgeklärt werden*
- *D 1 empfiehlt Bauherrn und Architekten, einen entsprechenden Vorbescheidsantrag unter Einbringung der erforderlichen Nachbarunterschriften beim Amt 63 zu stellen"*

Alle Leser, die den vorstehenden Text zu detailliert finden, bitte ich um Verständnis für die Ausführlichkeit und zwar deshalb: Im Gefolge der Ermittlungen konzentrierte sich die Kriminalpolizei auf drei Arbeitshypothesen:

- Der Oberbürgermeister hat eine dichtere Bebauung selbst entschieden und per Anweisung durchgesetzt,
- der Oberbürgermeister hat das gezielt gemacht, um seinen Freund Peter Schober zu bevorzugen, und
- der Oberbürgermeister hat dafür Geld bekommen und angenommen, was eine Straftat darstellt (Bestechlichkeit oder Vorteilsannahme).

Zur ersten Frage finden die Leser nachstehend ein Zitat aus dem Schriftsatz meiner Anwältin vom 6. Juni 2018, das die Tatsachen kurz und bündig zusammenfasst:

> *„Vor dem Hintergrund der Vorgeschichte der Besprechung am 01.08.2011 und den beiden Aktenvermerken wird mehr als deutlich, dass Herr Schaidinger in dieser Besprechung keineswegs eine „Entscheidung“ getroffen hat.*
>
> *Es ging vielmehr erkennbar darum, einen bis dahin herrschenden rechtswidrigen Zustand zu beseitigen. Dieser rechtswidrige Zustand ergab sich beim Bauordnungsamt bis dahin schlicht aus ermessensfremden Erwägungen bezogen auf den unmittelbaren Nachbarn des Grundstücks Feuerbachweg 10/12, Herrn W., die zur fehlenden Bereitschaft führten, Anträge auf Erteilung einer Baugenehmigung auch nur zu bearbeiten, sofern nicht sämtliche Nachbarschaftsunterschriften, insbesondere die des einzigen unmittelbaren Nachbarn, Herrn W., beigebracht wären.*
>
> *Vor diesem Hintergrund hat Herr Schaidinger lediglich dafür Sorge getragen, dass das Bauordnungsamt den Vorgang neu prüft und entsprechend dem Bauherrn empfohlen, einen entsprechenden Vorbescheidsantrag zu stellen, um diese Prüfung zu ermöglichen. Es wurde in dieser Besprechung zudem von Herrn Schaidinger deutlich gemacht, dass eine Baugenehmigung nur unter bestimmten Voraussetzungen erteilt werden kann, die sämtlich den Vorgaben von § 34 BauGB entsprechen, insbesondere hinsichtlich der Erschließung und des „sich Einfügens“ des Bauvorhabens.*
>
> *Mit anderen Worten: Die einzige Entscheidung, die Herr Schaidinger am 1.8.2011 getroffen hat, war die, dass das Bauordnungsamt den Vorgang ermessensfehlerfrei prüft. Alles weitere lag ausschließlich in der Entscheidungskompetenz des Bauordnungsamtes bzw. der darüber hinaus beteiligten Ämter.“*

Zu dieser Einschätzung hätten die Ermittlungsbehörden auch von allein kommen können bzw. müssen. Das war jedoch auch nicht annähernd der Fall. Im Gegenteil, man hat mit kunstvollen eigenen Einschätzungen, die jedoch unbeleckt von einfachsten Kenntnissen des Kommunalrechts waren, zahlreichen Vernehmungen von Verwaltungsmitarbeitern mit insistierenden Fragen, ob es nicht doch vom Oberbürgermeister eine Weisung für eine Baugenehmigung gegeben habe, und kunstvollen Verknüpfungen von Bemerkungen aus den Vernehmungen den Eindruck zu konstruieren versucht, ich hätte selbst eine abschließende Entscheidung in dieser Sache getroffen.

In Wirklichkeit gibt die Baugenehmigung nicht nur für diese Einschätzung keine Grundlage, sie belegt sogar, dass es vom Oberbürgermeister in dieser Sache eben keine Entscheidung gab. Sie enthält nämlich eine Liste von Unterlagen, die das zuständige Bauordnungsamt später der Baugenehmigung vom 5. April 2013 zugrunde legte. Auf Blatt 057 dieser Bauakte, die dem ermittelnden Kriminalhauptkommissar ja vorlag, ergibt sich, dass das insgesamt 12 umfangreiche Pläne, Anträge, Beschreibungen, technische Untersuchungen, Nachweise und Stellungnahmen waren, gefertigt und beim Bauordnungsamt eingereicht zwischen dem 27. September 2012 und dem 28. März 2013. Zwischenzeitlich gab es, auch das ist in der Ermittlungsakte ausführlich dokumentiert, Schriftverkehr mit dem Architekten, interne Stellungnahmen und die Einholung einer Reihe von Stellungnahmen von Trägern öffentlicher Belange.

Also: Eine Besprechung bei mir war am 1. August 2011, in der laut Ermittlungen die Sache entschieden worden sein soll. In Wirklichkeit fiel die Entscheidung durch das zuständige Amt der Stadtverwaltung am 5. April 2013, also eindreiviertel Jahre später, nach einem langen Verfahren, in dem der Architekt eine Menge von Änderungsplänen und ergänzenden Unterlagen beibringen musste.

Nachdem aber trotz dieses bemerkenswerten Ablaufs des Genehmigungsverfahrens der ermittelnde Kripobeamte den Vorgang so verstanden haben wollte, dass es eine unmittelbare (möglicherweise sogar rechtswidrige) Diensthandlung des Oberbürgermeisters zugunsten seines Freundes gegeben habe, lag es für ihn nahe, dass der Oberbürgermeister dafür auch eine Gegenleistung erhalten haben musste. „Mildernd" muss man bei der Beurteilung dieses abwegigen Gedankens allerdings bedenken, dass es im Zeitraum dieser Ermittlungen, Jahresmitte 2018, in Regensburg aufgrund anderer strafrechtlicher Verfahren und der Medienberichterstattung darüber eine Szenerie gab, in der das Handeln eines Oberbürgermeisters grundsätzlich als korruptionsaffin angesehen wurde.

Nachdem aus der aufwändigen Durchsicht der Bankkonten von Peter Schober und mir keine Belege für einen Geldfluss gefunden werden konnten, machte man sich wieder einmal auf, die umfangreichen sichergestellten Konvolute aus den Hausdurchsuchungen zu durchforsten. Und siehe da: Man stieß auf Geschenke (Gutscheine) von Peter Schober an mich, die gleich als Beleg „erkannt" wurden, dass da Zuwendungen für Diensthandlungen des Oberbürgermeisters abgegolten werden sollten. Ohne weiter zu recherchieren, wie es eigentlich Pflicht bei den Ermittlungen wäre, nahm man die Funde als handfesten Beweis!

Dazu wieder aus dem Schriftsatz meiner Verteidigerin vom 6. Juni 2018:

> *„Die beiden genannten Gutscheine sind Geschenke von Herrn Schober an Herrn Schaidinger anlässlich seines Geburtstages am 23. Februar.*
>
> *In diesem Zusammenhang ist festzuhalten, dass Herr Schaidinger und Herr Schober, seit sie sich im Jahr 1973 kennenlernten, eine enge Freundschaft pflegen. Es ist daher zwischen beiden seit Jahrzehnten üblich, sich gegenseitig, etwa zum Geburtstag, aber auch zu anderen Anlässen, Geschenke zu machen, die mit dem jeweiligen ausgeübten Beruf des anderen nicht das Geringste zu tun haben.*

Hinzu kommt, dass den Geschenken des Herrn Schober aus dem Jahr 2012 und 2014 gleichwertige Geschenke des Herrn Schaidinger gegenüberstehen. […]

Eine Unrechtsvereinbarung setzt, wie bereits ausgeführt, zwingend voraus, dass der Vorteil für die Dienstausübung gefordert, versprochen oder angenommen wird. Die Zuwendung muss mit dem Ziel erfolgen, dass der Amtsträger für die Zuwendung irgendeine dienstliche Tätigkeit vorgenommen hat oder vornehmen werde. Diese Verknüpfung zwischen Vorteil und Dienstausübung muss der Amtsträger erkennen oder zumindest billigend in Kauf nehmen. Die Unrechtsvereinbarung besteht in einer wenigstens stillschweigenden Übereinkunft der Beteiligten hierüber.

Bei Geschenken zum Geburtstag unter Freunden, die noch dazu regelmäßig wechselseitig und in jeweils entsprechender Höhe erfolgen, liegt eine Zuwendung an einen Amtsträger schlicht nicht vor. Weder der Schenker noch der Beschenkte verfolgen dabei einen anderen Zweck als den, ein Geschenk zu machen.“

Bis zu diesem Schriftsatz meiner Anwältin war aus den Ermittlungsakten nicht erkennbar, ob von der Kripo oder StA selbst Zweifel an der Einschätzung bestanden, diese Geschenke wären Bestechungsgelder. Immerhin könnten solche Zweifel aufgekommen sein, denn man beließ es nicht bei diesen „Ermittlungsergebnissen.“ Man wollte nicht der „kleinen“ Korruption, sondern der „großen Sache“ auf der Spur sein und forschte nach Zuwendungen „Schober an Schaidinger“ in ganz anderen Größenordnungen.

Wohlgemerkt: Ermittlungsbehörden dürfen immer vom ganz großen Coup träumen, ok! Aber man muss immer wissen und bedenken, dass man sich dabei in die ganz großen Peinlichkeiten versteigen kann. So war es auch hier.

Wie „Fakten" passend gemacht werden

In der Akte beginnt dieser Weg mit einem angeblichen Vermerk meiner Sekretärin im OB-Büro vom 10. Mai 2013, wonach Herr Schober angerufen hätte und um Vorlage eines Gartenplans meines Privatgrundstückes für eine Elektroplanung durch einen seiner Mitarbeiter bitten würde. Der Vermerk sieht auf den ersten Blick genauso aus wie alle solchen Vermerke, die in meinem Büro angefertigt wurden. Es gibt aber zwei Besonderheiten: Neben dem ausgedruckten Namen der Erstellerin solcher Vermerke findet sich bei Originalvermerken in der Regel ein handschriftliches Namenszeichen – nicht aber auf diesem Vermerk! Weil das zwar eher selten so war, aber auch nicht ausgeschlossen werden kann, dass in diesem Fall ausnahmsweise keine handschriftliche Signatur angebracht wurde, muss man diese Besonderheit so stehen lassen.

Anders verhält es sich mit dem Datum des Vermerks, dem 10. Mai 2013. Einen solchen Vermerk aus 2013 kann es nicht geben, weil ich in diesem Jahr keine entsprechenden Arbeiten durchführen ließ und auch nicht plante. Einen solchen Vermerk hat es aber ziemlich sicher im Jahr 2008 gegeben, weil in diesem Jahr das Büro von Peter Schober für mich exakt so eine Elektroplanung für die Gartenumgestaltung – selbstverständlich gegen Kostenberechnung – durchgeführt hatte. Wie geht das zusammen?

Klar ist, dass ein solcher Vermerk aus dem Jahr 2008 als Beleg für eine Gefälligkeit von Schober für die Kripo wertlos sein musste, weil die Baugenehmigungssache Feuerbachweg erst im Jahr 2011 begann. Nachdem sich auch keine der im Vermerk erwähnten Personen an einen solchen Vorgang im Jahr 2013 erinnern kann, darf man anfangen zu grübeln.

Wie kann ein „wertloser" Vermerk aus 2008, der bei der Durchforstung der Textdateien des OB-Büros mit einer einfachen Suchfunktion „gefunden" werden konnte und wegen des Fehlens handschriftlicher Zeichen leicht mit einem geänderten Datum zu erstellen wäre, plötzlich mit einem Datum aus 2013 auftauchen? Einem Jahr, in dem es ihn nicht gegeben haben konnte, in dem er sachlich völlig unplausibel ist, in dem er aber für einen Verdacht, den man unbeirrt verfolgen will, perfekt in den Kram passt?

Die Kripo ging umgehend daran, zu ermitteln, ob in meinem Garten etwa im Jahr 2013 umfangreiche Gartenarbeiten stattgefunden hätten.

Im späteren Bericht des Kriminalhauptkommissars liest sich das Ergebnis so:

> *„Über Google Maps wurde zunächst der aktuelle Zustand des Anwesens (Schaidinger; Einfügung des Autors) festgestellt. Das Vermessungsamt Regensburg stellte auf Anfrage ein Luftbild aus dem Jahr 2013 zur Verfügung. Das nächste vorhandene Luftbild des bayerischen Vermessungsamtes datiert vom August 2016, wie eine Rückfrage ergab. Auf die Übersendung wurde verzichtet, da über Google Earth Luftbilder vom Juni und September 2014 sowie Juni 2016 ausgedruckt werden konnten. Weitere Luftbilder waren in Google Earth nicht vorhanden.*
> *Auf den Luftbildern ist ersichtlich, dass der Garten im Zeitraum vom 2013 – Juni 2014 verändert wurde. So wurden im südwestl. Bereich des Grundstückes Rodungen vorgenommen und eine befestigte Fläche geschaffen, deren Beschaffenheit nicht detailliert erkennbar ist.*
>
> *Im Zeitraum von September 2014 bis Juni 2016 wurde im Garten ein Teich angelegt, wie auch ein aktuell in Google Maps eingestelltes Luftbild zeigt.*
>
> **Zusammenfassend bleibt festzustellen, dass im Zeitraum 2013 bis Juni 2014 der Garten des Herrn Schaidinger umgestaltet wurde.** (Hervorhebung durch den Autor)

Siehe hierzu folgende Luftbilder

- *Luftbild des Vermessungsamtes Regensburg aus 2013, Datum unbek. (TEA IV, Bl. 6/7)*
- *Luftbild Google Earth vom Juni 2014 (TEA IV, Bl. 8)*
- *Luftbild Google Earth vom September 2014 (TEA IV, Bl. 9)*
- *Luftbild Google Earth vom Juni 2016 (TEA IV, Bl. 10)*
- *Aktuelles Luftbild Google Maps, Datum unbek. (TEA IV, Bl. 11)*“

Weil ich im Moment der Lektüre dieses Abschnittes im Bericht des Kriminalhauptkommissars wusste, dass seine „Feststellungen“ falsch waren, habe ich mich über das Ergebnis eher weniger aufgeregt, vor allem weil ich aus den Ermittlungen zum Fall Nibelungenkaserne auch schon wusste, wie häufig und „zielsicher“ die Ermittler manchmal zu schlicht und ergreifend falschen Ergebnissen kommen.

Was mich mehr interessierte, war die Frage, wie die Kriminalpolizei trotz – oder vielleicht auch wegen – des Zusammentragens einer Reihe von Dokumenten zu einer völlig falschen Einschätzung gelangen kann. Die Argumentation des Kriminalhauptkommissars klingt ja auf den ersten Blick stringent, seine zusammenfassende Feststellung, dass mein Garten im Zeitraum 2013 bis Juni 2014 umgestaltet wurde, ist selbstsicher und unumstößlich formuliert. Gleichzeitig aber eindeutig falsch. Was kann man also aus den Luftbildern ersehen?

Darüber kann sich der Leser nachfolgend selbst eine Einschätzung verschaffen. Die im vorgenannten Bericht genannten Luftbilder sind nachfolgend in der im Bericht der Kriminalpolizei erwähnten Reihenfolge abgedruckt. Folgender Hinweis erscheint wichtig: Die „fotografische“ Qualität der Bilder in der Akte ist nicht besonders hoch. Wenn man die Bilder als Datei vor sich hat – und diese Möglichkeit hatten die Ermittler sicher – dann können durch Vergrößerung deutlich mehr Details erfasst und beurteilt werden als beim Betrachten eines Abdrucks.

007

KPI Regensburg
EG-Spende

Az: BY3300-004176-17/3

Lichtbild Leuchtenbergweg aus 2013,

übersandt von Herrn Gietl, Vermessungsamt Regensburg, am 13.06.2018

Roter Rahmen, Leuchtnbergweg 9, Anwesen Schaidinger

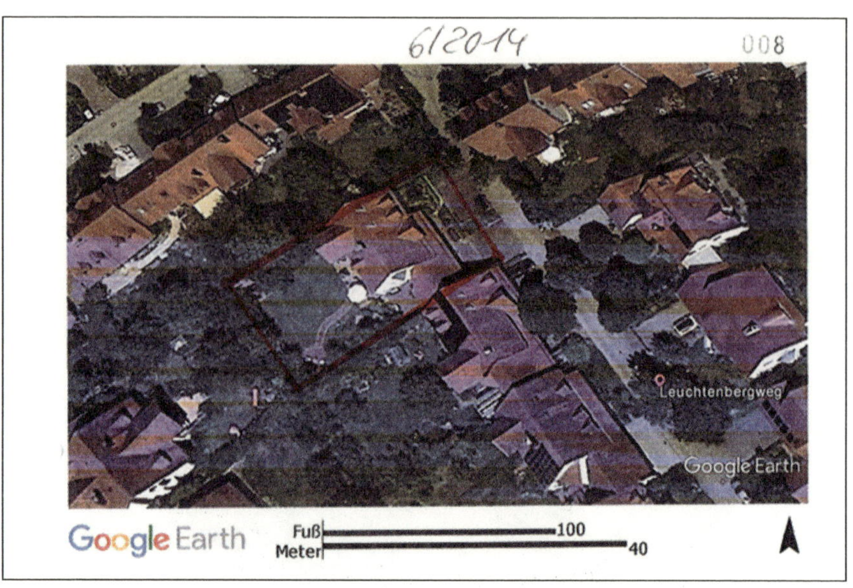
6/2014
008
Leuchtenbergweg
Google Earth
Google Earth
Fuß
100
Meter
40

9/2014
009
Leuchtenbergweg
Google Earth
Google Earth
Fuß
200
Meter
60

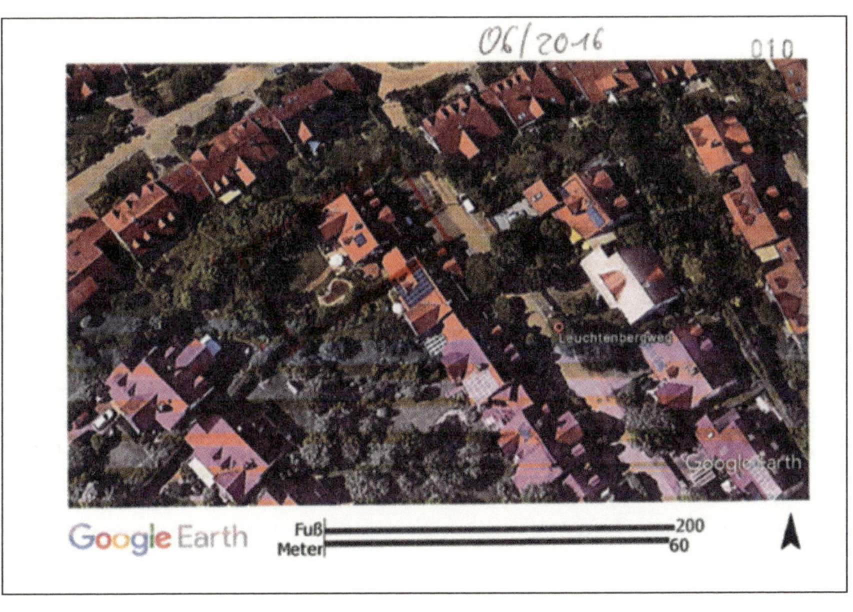

06/2016
010
Leuchtenbergweg
Google Earth
Google Earth
Fuß
200
Meter
60

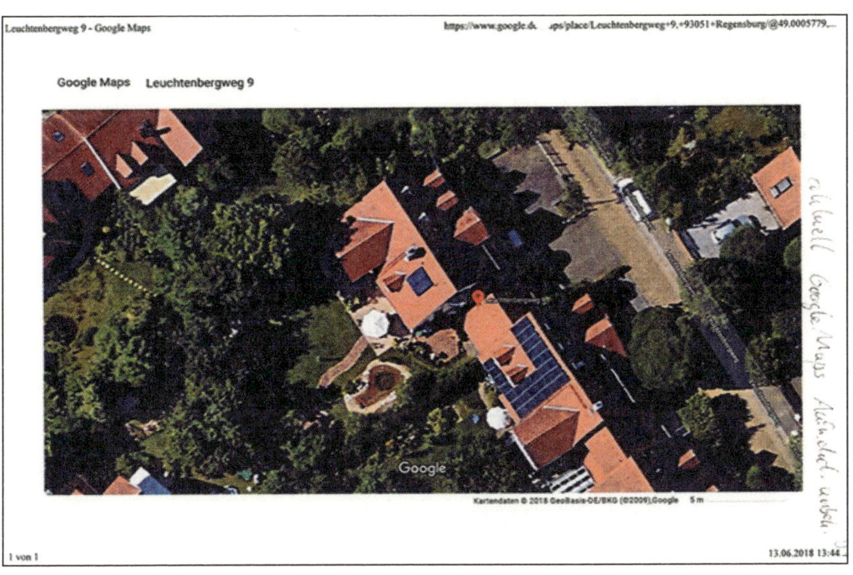

Leuchtenbergweg 9 - Google Maps
Google Maps Leuchtenbergweg 9
Google
Kartendaten © 2018 GeoBasis-DE/BKG (©2009),Google 5 m
1 von 1
13.06.2018 13:44

Die Luftbilder stützen – selbst wenn man sie nicht mit der Lupe, sondern „nur“ aufmerksam anschaut – die Theorie der Ermittler nicht nur nicht; bei einigermaßen genauer Betrachtung ist sogar hier schon nachzuvollziehen, dass 2013 und 2014 eben keine baulichen Veränderungen des Gartens stattgefunden haben.

Wie sorglos von den Ermittlern Behauptungen aufgestellt werden, kann man an der o. a. Bemerkung über die angebliche Anlage eines Gartenteichs „im Zeitraum von September 2014 bis Juni 2016“ ablesen. Dieser Teich wurde nämlich bereits in den 1980er Jahren angelegt! Bei genauem Hinsehen erkennt man auch bereits auf sämtlichen vom Kriminalhauptkommissar eingeholten Luftbildern vom Bayerischen Vermessungsamt bzw. von Google Earth den bereits angelegten Teich im Garten des Anwesens.

Ich habe mir nach Kenntnis dieser Feststellungen im Ermittlungsbericht zunächst alle in Google Earth (GE) und Google Maps (GM) vorhandenen und für jedermann verfügbaren Luftbilder angesehen. Sie sind hier nicht abgedruckt, aber im Web einfach verfügbar.

Bei dieser Durchsicht habe ich mir nachfolgende Notizen gemacht:

Datum	**Quelle**	**Beschreibung südw. Gartenteil**	**Bemerkung**
10/2004	GE	vor Terrassen- und Gartenumbau	unscharf
01.01.2010	GE	nach Terr.-Umbau, Weg z. Oktogon sichtbar, Oktogon und Teich von Bäumen verdeckt, nach Einstellungsänderung Oktogon teilw. sichtbar	Aufnahmezeitp. unklar, weil Vegetation
09.06.2014	GE	Terrasse, Weg, Oktogon gut sichtbar	
28.09.2017	GE	Terrasse, Weg sichtbar, Teich von Bäumen verdeckt, Oktogon wg. Bäumen nur ganz schlecht sichtbar	
09/2015–02/2017	GM	nach Teichsanierung, vor PV-Anlage, Einzelheiten gut sichtbar	
18.06.2016	GE	Terrasse, Weg gut sichtbar, Teich saniert, Oktogon zu erahnen, bei Vergrößerung sichtbar.	

Und siehe da: Wenn die Ermittler diese recht einfachen Recherchen angestellt hätten, wäre ihnen spätestens aufgegangen, was ihnen eigentlich schon bei der sorgfältigen Betrachtung der von ihnen nur selektiv herangezogenen Google-Luftbilder hätte klargeworden sein müssen: Ihre Schlussfolgerungen waren falsch!

Es gibt aber nicht nur Google, um zu recherchieren; auf dem Stadtportal unter www.regensburg.de sind zusätzliche Senkrechtluftbilder für jedermann verfügbar, die für die Ermittler mit wenigen Mausklicks zu beschaffen gewesen wären. Auf einem nachfolgend wiedergegebenen Senkrechtluftbild von 2010 sind alle baulichen Anlagen im Garten bereits vorhanden, die auf späteren Luftbildern ebenfalls vorhanden sind.

Quelle: https://karten.regensburg.de/stadtplan/app.php/application/mapbender_regensburg_hw

Selbst wenn man unterstellt, dass die Ermittler der Kriminalpolizei mit der Auswertung von Luftbildern vielleicht nicht sehr vertraut waren und von den Möglichkeiten, sich öffentlich zugängliche Luftbilder zu beschaffen, nichts wussten, sind die obigen falschen Schlussfolgerungen nicht hinnehmbar.

Obwohl meine Internetsuche bereits ein brauchbares Ergebnis ergeben hatte, habe ich trotzdem noch beim Amt für Stadtentwicklung der Stadt Regensburg, zu dem die Abteilung Vermessung und Kartographie gehört, angerufen und gefragt, ob es für die fragliche Zeit dort allgemein zugängliche Senkrecht- oder Schrägluftbilder gäbe, auf denen mein Haus enthalten wäre. Nachdem mir das bejaht wurde, habe ich gebeten, mir aus diesem Bestand diejenigen Bilder zur Verfügung zu stellen, die jedem anderen Fragesteller auch verfügbar gemacht würden. Sie sind nachfolgend abgedruckt.

Quelle: Stadt Regensburg – Amt für Stadtentwicklung, Dateibez.: 0529_AEOWEST_2013_Ausschn

Ein OB ist nicht nur Politiker –
er ist auch verantwortlicher Chef einer großen Verwaltungsbehörde.

Beginn der Theatersanierung (1998)

Wichtige Aufgabe: den Bürgern direkt zu erklären, was man vorhat.

Ohne Unterstützung der Familie geht gar nichts!
Auf dem Weg zu einem Dultbesuch mit meiner Frau.

Ein OB muss in vielen Rollen zuhause sein – Teilnahme an einer Kanuregatta.

Eröffnung des Millenniumsfests der Bayern (2000)

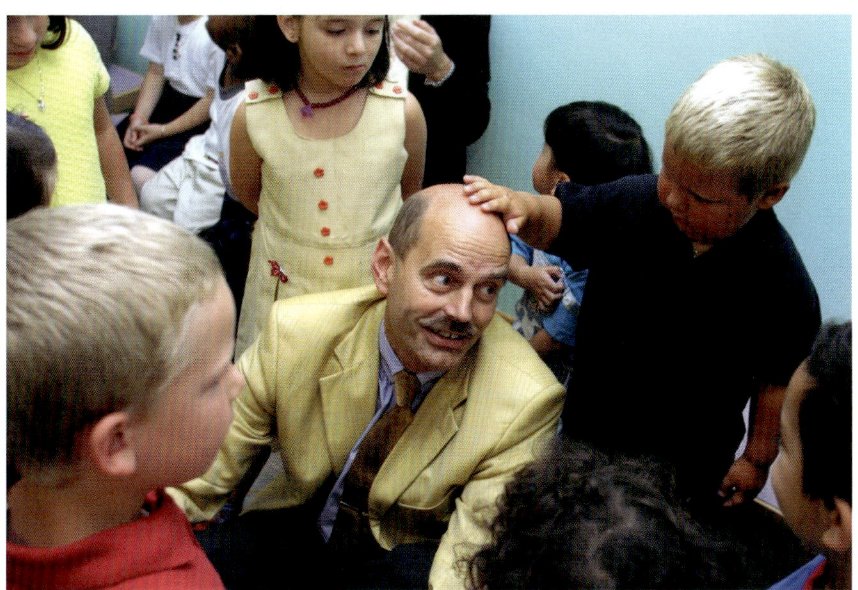

Auch ein Besuch einer Kita ist ein schöner Termin.

Wahlkampf muss auch locker rüberkommen. (2001)

Immer wichtig: Projekte ausführlich erläutern;
hier eine Busbeschleunigungstraße über den Unteren Wöhrd.

Empfang für DSDS-Siegerin Elli Erl (2004)

Lesung der Heiligen Nacht von Ludwig Thoma im Theater Regensburg

Zum Vorsitzenden des Bayerischen Städtetages gewählt (2005)

Nach aufwändiger Bewerbung:
Die Altstadt und Stadtamhof sind UNESCO-Weltkulturerbe. (2006)

Stolze Präsentation der neuen Autobahnschilder zum Welterbe (2006)

Proklamation von Papst Benedikt XVI. zum Ehrenbürger Regensburgs (2006)

Optimismus ausstrahlen hilft oft.

Immer wieder interessante Begegnungen

Die Bürgerinnen und Bürger wollen einen OB zum „Anfassen".

Beim Stadtempfang zum 60. Geburtstag: Grußworte vom Ministerpräsidenten und vom Präsidenten des Deutschen Städtetags (2009)

Ein süßes Gastgeschenk zur Entscheidung der Staatsregierung, das Museum der Bayerischen Geschichte in Regensburg zu errichten (2011)

Islam-Konferenz im Reichssaal mit Bundesinnenminister Dr. Schäuble (2009)

Das Projekt „neues Fußballstadion" nimmt Fahrt auf.

Grundsteinlegung für das neue Fußballstadion (2013)

Ein Teilstück der neuen Ostumfahrung erhält den Namen der Partnerstadt Pilsen.

18 mal „auf ein Neues": Neujahrsempfang im Reichssaal

Bis zum Schluss der Amtszeit wichtig: Ohne Unterstützung der Familie geht es nicht

Quelle: Stadt Regensburg – Amt für Stadtentwicklung, Dateibez.: 0529_AEROWEST_2015_Ausschn

Die beiden Aufnahmen aus dem Jahr 2013 und aus dem Jahr 2015 zeigen eindeutig, dass die fraglichen Veränderungen im Jahr 2013 bereits abgeschlossen waren. Bei genauem Hinsehen erkennt man auch auf sämtlichen vom Kriminalhauptkommissar eingeholten Luftbildern vom Bayerischen Vermessungsamt bzw. von Google Earth (TEA IV, Bl. 07ff d.A.) den bereits viel früher angelegten Gartenteich und die in den Jahren 2008 und 2009 durchgeführten Umgestaltungen an der Terrasse und im Garten.

Demzufolge ist spätestens nach einigermaßen sorgfältiger Recherche überhaupt nicht mehr erklärlich, wie es zu der schon erwähnten mysteriösen Aktennotiz vom 10. März 2013 gekommen sein könnte, nach der Herr Schober angeblich um Übersendung eines Lageplans (Darstellung Haus und Garten) und der Nennung der Größe (qm) meines Gartens gebeten haben soll.

Um dem ganzen Komplex mit den mehrfach gemachten Fehlern die Krone aufzusetzen: Das, was sie durch unsorgfältige Arbeit und mangelhafte Recherche in allgemein zugänglichen Quellen fehlerhaft ermittelt und falsch formuliert haben, hätten die Ermittler schon viel früher und „auf einen Schlag" richtig wissen können, wenn sie bei der zweiten Hausdurchsuchung ordentlich gearbeitet hätten. In meinem Arbeitszimmer steht neben Aktenordnern, die von den Ermittlern durchgesehen wurden, ein Aktenordner mit dem Etikett „Projekte". In diesem Ordner finden sich u. a. ausführliche Unterlagen über „Terrassen-/Gartenumbau 2008" und „Teichsanierung 2016". Diesen Ordner haben die Ermittler links liegen gelassen.

Wie ging es weiter?

Trotz der Tatsache, dass schon aus den Luftbildern bei einigermaßen genauer Betrachtung die Behauptung des Ermittlers, dass im fraglichen Zeitraum der Garten umgestaltet worden sei, eben nicht abgelesen, sondern sogar widerlegt werden kann, fährt der Kriminalhauptkommissar – offenbar keinen Gedanken an eine kritische Überprüfung seiner Einschätzungen verwendend – in seinem oben zitierten Bericht unbeirrt fort:

> *„Zur Klärung, ob Herr Schober über eine seiner Firmen Kosten für eine Gartenumgestaltung des Herrn Schaidinger übernommen hat und diese möglicherweise über zu diesem Zeitpunkt aktuellen Bauprojekte abgerechnet hat (siehe VII), wäre eine Überprüfung der genannten Bauprojekte erforderlich.*
>
> *Zur Einholung der entsprechenden Unterlagen bei den ausführenden Firmen, wie Regieberichte, Einkaufsrechnungen*

für Material, Ausgangsrechnungen sowie Unterlagen zu Gesprächen mit dem Bauherrn usw. werden Durchsuchungsbeschlüsse für folgende Firmen und Projekte vorgeschlagen: (Schwärzungen durch den Autor)

Bei einer Vorsprache ohne Durchsuchungsbeschluss muss bei Verweigerung der Herausgabe im Falle vorliegender Unregelmäßigkeiten mit der nachfolgenden Vernichtung oder Veränderung der Unterlagen gerechnet werden. [...]"

Man fragt sich, ob das, was hier zusammengemixt wird, eher eine Räuberpistole oder eine Märchenstunde zu werden beginnt. Der Ablauf bis hierher nochmal als kurzer Überblick:

- Ein Kripobeamter liest zwei tendenziöse Zeitungsartikel und geht der Frage, was in den Artikeln unkorrekt sein könnte, nicht nach,
- der des Bauordnungsrechts unkundige Kripobeamte unterstellt daraufhin eine Weisung des Oberbürgermeisters für eine rechtswidrige Baugenehmigung gegen eine Geldzuwendung,
- man merkt aufgrund ziemlich schlampiger Recherche nicht, dass es schon rein zeitlich keine unrechtmäßigen Geldflüsse für Gartenbaumaßnahmen an den Oberbürgermeister geben kann,
- mit zahlreichen aufwendigen Ermittlungsmaßnahmen wird trotzdem nach Geldflüssen vom Bauherrn an den Oberbürgermeister gesucht,
- aufgrund zahlreicher Fehler bei der Betrachtung der bisherigen Ermittlungen wähnt man sich auf der Erfolgsspur und will noch tiefer einsteigen. Immerhin sogar mit

erheblichen Grundrechtseingriffen aufgrund von Durchsuchungsmaßnahmen bei unbeteiligten Dritten!

Also geht der Zwischenbericht mit folgendem Schlusssatz an die StA:

> *„Der Vorgang wird zur rechtlichen Würdigung und Entscheidung über weitere Ermittlungshandlungen übergeben."*

Der auf rechtsstaatliches Handeln vertrauende Staatsbürger wird jetzt sicher glauben, dass die zuständige Staatsanwältin, bevor sie die vom Kriminalhauptkommissar erbetene Entscheidung trifft, sich die Akte mit der zentralen „Beweis"-Führung, ob der Korruptionsverdacht des Kriminalbeamten stimmen kann, einmal genau anschaut. Das wäre schon deshalb angezeigt, weil erneut die Durchsuchungsbeschlüsse keine einfache Ermittlungsmaßnahme darstellen, sondern einen erheblichen Grundrechtseingriff. Das hätte schon etwas genaueres Hinsehen verdient gehabt. Das indes kann es nicht gegeben haben, denn sonst hätten der Staatsanwältin – wie vorstehend erläutert – ein paar Dinge auffallen müssen, die selbst bei einer oberflächlichen Durchsicht der „Beweis"-Fotos nicht verborgen bleiben können.

Die „weiteren Ermittlungshandlungen" wurden verfügt; wiederum rollte eine umfangreiche Durchsuchungs- und Vernehmungsmaschinerie der Kripo an. In seinem Schlussbericht vom 20. Januar 2019 (Bl 416 ff. der Akte) war sich der Kriminalhauptkommissar sicher, wiederum einen großartigen Ermittlungserfolg erzielt zu haben. Im Bericht wird behauptet:

- Durch meine Einflussnahme wäre das Bauprojekt am Feuerbachweg ermöglicht worden,
- ich hätte dazu der Verwaltung eine Anweisung erteilt und
- zeitnah – noch während meiner Dienstzeit als Oberbürgermeister – hätte ich dafür finanzielle Gegenleistungen (Bestechungsgeld) erhalten,
- die als Geschenke, vorwiegend aber als Kostenüber-

> nahme für Baumaßnahmen an meinem Wohnhausgrundstück in Regensburg geflossen seien.

Mit der ausführlichen Darlegung der fehlerreichen Ermittlungsergebnisse dieses Verfahrens soll nicht die Behauptung oder die Forderung aufgestellt oder untermauert werden, dass solche Arbeitsfehler nicht passieren dürften. Überall wo Menschen arbeiten, werden Fehler gemacht. Fehler kommen also überall vor, auch bei den Strafverfolgungsbehörden. Die Auswirkungen menschlicher Fehler sind aber recht unterschiedlich. Wenn Strafverfolgungsbehörden Fehler machen, geht es letztlich immer um die Ehre von Menschen, in der deutschen Grundrechtssystematik ein sehr hohes Rechtsgut der Staatsbürger. Natürlich darf das nicht heißen, dass Strafverfolgungsbehörden sich zurückhalten müssen – dann wären sie letztlich zahnlose Tiger, das kann nicht im Interesse eines effizienten Rechtsstaates sein. Stattdessen ist es wichtig, eine sehr anspruchsvolle Fehlerkultur zu haben. Es muss sichergestellt werden, dass gemachte Fehler erkannt und behoben werden, damit die ungerechtfertigte Beeinträchtigung der Ehre von Staatsbürgern erstens so gering wie möglich gehalten und zweitens so schnell als möglich und vollständig beseitigt wird. Genau deshalb ist die Staatsanwaltschaft die Herrin des Ermittlungsverfahrens und genau deshalb gibt es bei grundrechtsverletzenden Maßnahmen den Ermittlungsrichter als weiteres Korrektiv. Hier allerdings haben alle Stationen versagt.

Zurück zum Schlussbericht der Kriminalpolizei: Wenn irgendjemand die „Beweisführung“ des Kriminalhauptkommissars hinsichtlich baulicher Veränderungen in meinem Garten in den Jahren 2013 und 2014 auch nur einigermaßen aufmerksam gelesen hätte, wäre die „unvermeidliche“ Erkenntnis gewesen, dass ein wesentliches Standbein der „Beweisführung“ des Kriminalhauptkommissars hinsichtlich des Bestechlichkeitsvorwurfes schlicht falsch ist.

Aber: Fehlerkultur mindestens unzureichend, weithin gar nicht vorhanden, „Argumente“ des Ermittlers werden nicht überprüft, es geht weiter. Man könnte jetzt aus dem Schlussbericht eine Reihe von Schlussfolgerungen herausgreifen, wo der Bericht aufgrund von unzureichender Ermittlungsarbeit falsch liegt. Die oben dargestellten Arbeitsfehler mögen reichen, um den Leser nicht mit zu vielen Details zu langweilen.

Man könnte weiter jetzt die Einschätzung haben, dass aufgrund dieser Fehler StA und Kripo ein Einsehen haben und aufgeben. Diese Einschätzung wäre falsch. Am 31. Juli 2019 ordnet die StA an, dass die Kripo Nachermittlungen durchzuführen habe. Man könnte diese Nachermittlungen auch unter der Überschrift „Rückzugsgefechte" ablegen. Einzelheiten sollen auch hier nicht weiter vertieft werden. Zwei interessante Aspekte dieser dann folgenden „Nachermittlungen" sollen aber herausgegriffen werden, um exemplarisch die fortdauernde Mangelhaftigkeit und Einseitigkeit der kriminalpolizeilichen Ermittlungsarbeit darzustellen.

Es geht zunächst um den schon erwähnten „Nachbar W.". Weil die bis dahin in der Akte enthaltenen Informationen widersprüchlich waren, ist die Anordnung von Nachermittlungen hier durchaus sachgerecht und notwendig. Das veranlasst den Kriminalhauptkommissar zu einer Schnellrecherche im Internet mit der „Erkenntnis" aus einem Nachruf, dass es sich wohl um einen Herrn W. handeln müsse, der bereits 2005 als leitender Beamter der Regierung der Oberpfalz ausgeschieden sei und überdies mit der Rechts- und Fachaufsicht in Fragen der Bauordnung nichts zu tun gehabt habe. Daraus hat er den „offenkundigen" Schluss gezogen, dass die „Erinnerung" meinerseits, mein Mitarbeiter habe den Nachbarn als einen Grund für die restriktive Haltung in der Frage der Grundstücksausnutzung genannt, nicht zutreffend und/oder nicht glaubwürdig sein könne.

Natürlich war ich zunächst verblüfft, als ich diese Information im Nachermittlungsbericht der Kripo vom 2. September 2019 etwa 14 Tage später bei der Akteneinsicht gelesen hatte. Hatte ich mich nicht richtig erinnert? Gab es einen Herrn W., den mir mein Amtsleiter als kritischen und ablehnenden Beamten der Regierung der Oberpfalz geschildert hatte, gar nicht? In der Vernehmung im Rahmen der Nachermittlungen hatte der neu ins

Amt gekommene Bauordnungsamtsleiter immerhin gesagt, dass er einen Herrn W. bei der Bauaufsicht der Regierung der Oberpfalz nicht kenne!

Obwohl mir die ermittlungstechnischen Möglichkeiten eines Kriminalhauptkommissars auch nicht annähernd, sondern nur die jedem Web-Teilnehmer verfügbaren Möglichkeiten zur Verfügung standen, fand ich nach kurzer Internetrecherche heraus: Es gab sehr wohl zu dem fraglichen Zeitpunkt einen Herrn W., der einer der beiden leitenden Beamten des Sachgebiets „Straßenrecht, Baurecht, Vergaberecht" war. Es war jedoch ein anderer W. als der, den mir der frühere Amtsleiter im Telefonat im Juli 2011 genannt hatte. Es ist nicht mehr aufzuklären, wo damals beim Bauordnungsamt das Missverständnis über die beiden W. entstanden ist. Tatsache ist jedoch, dass wieder einmal unzureichend, ja falsch ermittelt wurde und die von der Kripo darauf gestützte These, dass die Erinnerung des Oberbürgermeisters, dass sein Bauordnungsamt sich wegen eines Regierungsbeamten bei der Baugenehmigung zulasten eines bauwilligen Grundstückseigentümers „sehr zurückhaltend" verhalten habe, nicht zutreffen könne, eine falsche Schlussfolgerung der Ermittlungsbehörde war.

Mein Erinnerungsvermögen hatte mich also nicht im Stich gelassen. Das betraf auch einen anderen Aspekt der Nachermittlungen. Mit der Aussage des Bauordnungsamtsleiters, dass es gar keinen Nachbarn am Feuerbachweg gegeben habe, der […] im Vorfeld bereits gerichtliche Schritte angekündigt habe, wollte der Kriminalhauptkommissar die Glaubwürdigkeit meiner Schilderungen des ganzen Ablaufs ein weiteres Mal in Zweifel ziehen. Auch dieses Thema hätte der Ermittler leicht nachprüfen können. Die Nachbarn hatten ihren Widerstand nämlich mit einem Schreiben vom 12. Dezember 2011 bereits schriftlich angekündigt und zwar „falls erforderlich […] mit allen rechtlichen Mitteln". Unbekannt war dieses Schreiben nicht. Es befindet sich in den Ermittlungsakten!

Eine korrekte Ermittlungsarbeit der Kripo wäre in einem solchen Fall schon deshalb essentiell, weil nach so langer Zeit (von 2011 bis 2019!) das Erinnerungsvermögen nicht mehr 100% betragen kann. Umso schärfer muss man unzureichende und mit falschen „Fakten“ (heutzutage Fakes) abschließende Ermittlungen kritisieren.

Fatal wäre natürlich, wenn man unterstellen müsste, dass man mit nachlassendem Erinnerungsvermögen von Beschuldigten regelrecht spekulieren würde, damit die eigenen, in eine bestimmte Richtung gepressten Ermittlungen nicht korrigiert werden müssten! So ein Gedanke kann einem, wenn man seine Ermittlungsakten auch mit zeitlichem Abstand im Zusammenhang nochmal liest, schon kommen!

Zurück zum Ablauf des Geschehens aus der Nachbetrachtung des Sachstandes am Ende der Ermittlungen. Klar ist am Jahresende 2019:

- Die Baugenehmigung Feuerbachweg ist nicht von mir entschieden worden, sondern vom zuständigen Bauordnungsamt,
- sie ist rechtmäßig,
- mein Entschluss, das Verfahren noch einmal aufzugreifen, hat zu einem umfassend rechtmäßigen Verfahren beigetragen,
- es gibt keinerlei Hinweis auf Unkorrektheiten,
- es gibt keinerlei gewährte Vorteile an mich.

Der „unbefangene“ Leser wird denken, jetzt kommt die Verfahrenseinstellung aber wirklich. Denkste! Irgendjemanden schien nämlich die Möglichkeit zu stören, dass es vielleicht zu einer Einstellung kommen könnte. Mehr noch: Derjenige musste den Verfahrensstand ziemlich genau kennen, denn seine Schritte waren zeitlich sehr passend. Und nun geschahen sehr wundersame Dinge.

Am 20. September 2019 wird ein DIN-A4-Kuvert, adressiert an „Herrn B. persönlich, Kriminalpolizeiinspektion Regensburg, Bajuwarenstraße 2, 93053 Regensburg“ in den Nachtbriefkasten der Justizbehörden Regensburg in der Augustenstraße eingeworfen. Es wird ungeöffnet an die Kriminalpolizei weitergeleitet und enthält 29 Vermerke über Termine, die zwischen dem OB-Büro und Herrn Schober in den Jahren von 2004 bis

2011 vereinbart wurden. Nachdem die Vermerke samt und sonders keine Unterschriften/Handzeichen tragen (siehe Seite 72) ist zu vermuten, dass die Kopien nicht aus den Akten des OB-Büros stammen, wo die in aller Regel signierten Originale abgelegt werden, sondern Ausdrucke aus dem EDV-Speicher der Stadt darstellen. Diese Dateien befanden sich zu diesem Zeitpunkt schon längere Zeit auch bei der Kriminalpolizei. Diese Vermerke sollten wohl der allerletzte „Rettungsanker" für die Behauptung des Kriminalhauptkommissars sein, dass es zwischen Herrn Schober und mir nicht korrekt zugegangen sein könne.

Nachdem alle Vermerke korrekt aufgezeichnet waren und sich aus keinem von ihnen auch nur im Geringsten ein Hinweis auf eine Unkorrektheit ergab, hat meine Anwältin richtigerweise die Aufforderung der StA zur Stellungnahme mit der Bemerkung versehen:

> *„Aus diesseitiger Sicht sind die übersandten Unterlagen in Hinblick auf den gegen meinen Mandanten erhobenen Tatvorwurf allenfalls entlastender Natur, zur Erhärtung des Tatverdachts jedoch ohne jede Relevanz, so dass diesseits darauf verzichtet wird, dazu Stellung zu nehmen."*

Nachdem mich aber das Grübeln, warum der auf ganzer Linie erfolglosen Kripo gerade zu diesem Zeitpunkt der (vermeintliche) Rettungsanker zugeworfen wurde, nicht losgelassen hat, hat mich die Frage besonders beschäftigt, warum ein städtischer Whistleblower, und ein solcher sollte ja wohl inszeniert werden, diesen Vorgang genau zu diesem Zeitpunkt nicht entweder per Post geschickt oder direkt in den Briefkasten der Kriminalpolizei in der Bajuwarenstraße eingeworfen hätte. Ich habe mir also den Eingangsbereich beim zentralen Briefkasten der Justizbehörden und bei der Kripo angeschaut. Bei der Kripo gab es eine Überwachungskamera. Bei den Justizbehörden indes habe ich damals 2019 keine Überwachungskamera entdeckt. Hatte der Einwurf bei den Justizbehörden statt direkt bei der Kriminalpolizei, an die der Brief adressiert war, den Zweck, dass der Einsender in jedem Fall unidentifizierbar blieb?

Es gibt wohl nur zwei Möglichkeiten, wie dieser Vorgang abgelaufen sein kann. Entweder es gab tatsächlich einen Whistleblower aus der Stadtverwaltung. Kann sein, muss aber nicht! Wegen der vorhin angeführten Tatsachen, dass es sich bei den Unterlagen mangels handschriftlicher Eintragungen wohl nicht um Ablichtungen von Akten aus dem OB-Büro handelt und die Unterlagen anonym übermittelt wurden, ist genauso gut möglich, dass die Ablichtungen nicht aus der Stadtverwaltung kamen, sondern aus einer Quelle, die die Server der Stadtverwaltung vorher schon einmal durchsucht hat. Dass diese Übermittlung zu einem Zeitpunkt erfolgte, zu dem die Angelegenheit für die Ermittler hoffnungslos geworden war, was aber Außenstehende nicht wissen konnten, spricht auch dafür, dass es eher keinen Whistleblower aus der Stadtverwaltung gab.

Es ist mir nicht bekannt geworden, dass die Strafverfolgungsbehörden wegen Verwahrbruchs oder Weitergabe von Dienstgeheimnissen ermittelt hätten. Warum wohl? Es wäre immerhin interessant, zu erfahren, welche Fingerabdrücke und DNA-Spuren auf dem Kuvert und den Ausdrucken gefunden werden hätten können.

Auch dieser letzte Versuch, das StGB und die StPO gegen mich in diesem Verfahren in Stellung zu bringen, schlug fehl. Am 13. März 2020, immerhin mehr als 2 Jahre nach der Hausdurchsuchung, bei der ich zum ersten Mal von diesem Ermittlungsverfahren Kenntnis bekam, wurde es gemäß § 170 Abs. 2 StPO eingestellt. („Verfahrenseinstellung erster Klasse“)

Eher amüsant (nicht für die Betroffenen, aber jedenfalls in diesem Zusammenhang) ist das, was vor dem Eingang von Gericht und Staatsanwaltschaft („Justizbehörden“) in der Augustenstraße in Regensburg im Februar 2022 passiert ist. Die Internetseite von BR/24 berichtet:

> **„Schockanruf-Betrug vor den Augen der Justiz in Regensburg**
> Auf besonders dreiste Weise haben Betrüger mit der sogenannten Schockanruf-Masche einer Frau in Regensburg über

50.000 Euro abgenommen. Die Geldübergabe fand direkt vor dem Eingang des Regensburger Justizgebäudes statt.

Tochter soll „tödlichen Unfall verursacht“ haben
Wie die Staatsanwaltschaft Regensburg heute mitteilt, hat eine 64-jährige Frau aus Lupburg im Landkreis Neumarkt in der Oberpfalz am vergangenen Dienstag einen vermeintlichen Anruf ihrer Tochter erhalten, die ihr mit weinerlicher Stimme berichtete, dass sie einen Unfall gehabt habe. Dann übernahm eine vermeintliche Polizeibeamtin das Gespräch und behauptete, dass die Tochter einen tödlichen Verkehrsunfall mit einem Radfahrer verursacht hätte. Damit die Tochter nicht in Haft genommen werde, müsse eine Kaution in Höhe von 51.000 Euro beim Amtsgericht Regensburg einbezahlt werden.

Wegen Corona: Übergabe vor dem Gerichtsgebäude
Die 64-Jährige hob das Geld von ihrer Bank ab und fuhr damit zum Haupteingang des Amtsgerichts in Regensburg. Zuvor hatte man ihr erklärt, dass eine Mitarbeiterin das Geld vor dem Gebäude in Empfang nehmen werde, weil für den Zugang zum Gebäude ein PCR-Test nötig sei. Man erzählte ihr auch noch, eine Versicherung würde die Kaution ersetzen. Das Opfer übergab das Geld schließlich einer unbekannten Frau vor dem Amtsgericht. Die Justizbehörden warnen eindringlich vor dieser Betrugsmasche. Zahlungsverkehr werde nur in den seltensten Fällen in bar abgewickelt und schon gar nicht werde Geld auf der Straße entgegengenommen. Der Fall zeige, wie Betrüger das Vertrauen der Bürger in verschiedenste Organe des Rechtsstaats missbrauchen.“

Wenigstens einen positiven Nebeneffekt hat diese Begebenheit: Der Briefkasten neben diesem Eingang hat jetzt eine Überwachungskamera. Jeder Whistleblower oder sonstige Informationszuträger muss sich jetzt einen neuen Übergabepunkt ausdenken!

„Zweifel ist eine Frage der Intelligenz."

Klaus von Dohnanyi, dt. Politiker

BETRUG ALS „RETTUNGSANKER?"

Um das Nachfolgende einordnen zu können, muss man sich vor Augen halten: Im Frühjahr 2019 ist es zweieinhalb Jahre her, dass die Kripo gegen mich mit Ermittlungen begann, fast zweieinhalb Jahre her, dass die Staatsanwaltschaft Regensburg mit Vermutungen und ohne ausreichende Faktenbasis Hausdurchsuchungsbeschlüsse und mit einem „juristischen Kniff" Telefonüberwachung gegen mich erwirkte und durchführen ließ. Mehrere Ermittlungsverfahren wurden mit großem Aufwand begonnen und durchgezogen.

Das Ergebnis nach zweieinhalb Jahren: Nichts!

Dennoch gab es nach wie vor – insbesondere vor dem Hintergrund der bereits stattfindenden gerichtlichen Verfahren gegen Oberbürgermeister Wolbergs und andere – die in der Öffentlichkeit, vor allem in der „Veröffentlichkeit", vorhandene Erwartung, dass doch auch in der „Causa Schaidinger" irgendetwas sein müsse. Diese öffentlich wahrnehmbare Stimmung speiste sich vor allem aus der aus teilweise wilden Spekulationen zusammengereimten Vermutung, dass es in Regensburg schon über lange Jahre ein „System Regensburg" gegeben haben müsse, in dem es in der Regensburger Immobilienszene korrupt zugegangen sein müsse.

Es ist naheliegend, dass in diesem Umfeld die Strafverfolgungsbehörden wohl erhebliche Probleme damit hatten, nach zweieinhalb Jahren erheblichen Ermittlungsaufwands erklären zu müssen: Da ist nichts!

Man konnte und wollte sich also nicht geschlagen geben. Deshalb lag Mitte April 2019 eine Vorladung der Kriminalpolizei Regensburg mit der Unterschrift eines Kriminalhauptkommissars in meinem Briefkasten. Ich sollte als Beschuldigter vernommen werden in der Sache „Versicherungsbetrug am 08. Februar 2017, 13.10 Uhr in Regensburg".

Natürlich konnte ich mir bei der Lektüre des Schreibens überhaupt keinen Reim darauf machen, wo und wie ich mehr als zwei Jahre vorher eine Versicherung betrogen haben sollte. Heute weiß ich aus der Lektüre von Dutzenden von Vernehmungsprotokollen aus meinen Ermittlungsakten, dass genau diese Unklarheit und Unsicherheit ganz wesentlich zur Vernehmungstaktik der Kripo gehört, mit der eine vernommene Person unter Druck gesetzt wird.

Insofern hatte diese lange Zeit der gegen mich laufenden Ermittlungsverfahren und das, was ich daraus gelernt hatte, sogar etwas Gutes. Ich kam nicht im Mindesten auf die Idee, der Vorladung Folge zu leisten, sondern übergab die Sache meiner Anwältin, die unverzüglich Akteneinsicht beantragte. Bereits eine Woche später lag die zu diesem Zeitpunkt schon mehr als 450 Blatt umfassende Akte bei meiner Anwältin vor; die Kripo und die StA hatten – wie ich staunend lesen konnte – bereits seit über einem Jahr an dieser Sache gearbeitet und wieder eine regelrechte Räuberpistole zusammengebaut.

Damit der Leser diese Räuberpistole wenigstens grob nachvollziehen kann, einige Informationen zu diesem Vorgang.

Ich betreibe mit zwei Fliegerfreunden seit dem Jahr 2002 im Rahmen einer Haltergemeinschaft ein Flugzeug. 2005 ist ein Mithalter ausgeschieden und Herr Peter Schober als neuer Mithalter in die Gemeinschaft eingetreten; die Rechte und Pflichten jedes Mithalters sind in einem „Haltergemeinschaftsvertrag" niedergelegt. Bei der Hausdurchsuchung im Januar 2018 hatte die Kripo bei Herrn Schober und bei mir jeweils die Unterlagen über das Flugzeug mitgenommen, weil man ja in Sachen Feuerbachweg beweisen wollte/musste, dass ich von Herrn Schober im Gegenzug für die Baugenehmigung eine finanzielle Zuwendung erhalten hätte. Unter anderem vermutete man, wir hätten Aufwendungen für den

Betrieb des Flugzeugs untereinander verschoben. Wieder einmal ärgerlich für die Kripo, dass man nach aufwändiger Durchsicht aller Unterlagen feststellen musste, dass diese korrekt geführt worden waren und alle Aufwendungen korrekt nach Maßgabe des Vertrages zugeordnet seien. Also nichts, was zum Thema „Feuerbachweg“ etwas beitragen konnte.

Aber der Diensteifer der Kripo veranlasste dort, dass man aus der Reparaturabrechnung eines Schadens an dem Flugzeug, die sich in der Akte befand, einen Versicherungsbetrug herauszulesen versuchte. Größenordnung: 1.700,50 Euro insgesamt; das heißt, jeder der drei Flugzeughalter habe die Versicherung um 566,83 Euro betrogen. Das war der Schuldvorwurf.

Der Idee der Kripo, dass der Schaidinger, wenn ihm schon sonst nichts vorzuwerfen war, doch „wenigstens“ eine Versicherung betrogen haben könnte, lag folgendes zugrunde: Im Juni 2016 war es bei einem Flug von Peter Schober zu einem größeren Schaden an der Flugzeugzelle gekommen, der zur Regulierung der Kaskoversicherung gemeldet wurde. Nach den Regeln des Haltergemeinschaftsvertrags hatte Schober die Abwicklung der Schadensbehebung und den Selbstbehalt der Kaskoversicherung zu übernehmen.

Weil die Reparatur mehrere Monate dauern würde und im Frühjahr 2017 wegen eines dann fälligen Triebwerksaustauschs ohnehin wieder eine mehrmonatige Stillstandszeit des Flugzeugs absehbar war, zogen wir den Triebwerkstausch auf die Zeit der Zellenreparatur vor; kostenmäßig wurden beide Aufträge natürlich getrennt abgewickelt.

Diese Abwicklung war für alle Beteiligten nicht ganz einfach, es mussten Nachträge in die Aufträge eingefügt werden, es gab Gutschriften für Altteile, es gab Gutschriften für Währungsumrechnungen Dollar/Euro und einiges mehr. Alles für jemand, der nicht vom Fach ist, noch schwieriger nachzuvollziehen als für einen Fachkundigen; aber das hielt den Kriminalhauptkommissar nicht davon ab, aus den Unterlagen herauszulesen, die Haltergemeinschaft hätte zweifellos mehr Kosten abgerechnet als angefallen wären. Eigentlich überflüssig zu erwähnen, dass auch für diesen Verdacht wieder eine große Ermittlungsmaschinerie angeworfen wurde, bis hin zu Hausdurchsuchungen und zahlreichen Vernehmungen beim Reparatur- und Wartungsbetrieb. Man könnte dies für eine angebliche Betrugssumme von immerhin 566,83 € vielleicht noch für angemessen halten. Allerdings nur, wenn die Ermittlungen „wenigstens" den Verdacht belegt oder zumindest gestützt hätten. Aber genau daran hapert es grundlegend, was nur an ein paar wenigen Aspekten deutlich gemacht werden soll.

Die Kripo versuchte mir eine Mittäterschaft oder eine Beihilfe zum Betrug zu unterstellen und verwies mehrere Male darauf, ich wäre ja an der Regulierung des Schadens mit der Versicherung beteiligt gewesen. Aus den Akten ergibt sich hingegen, dass ich zwar an der Vergabevorbereitung der Reparatur und an der Abwicklung des Triebwerkstausches, aber eben überhaupt nicht an der Regulierung mit der Versicherung beteiligt war.

Oder: Kern des Verdachts war die Vermutung, dass einige Gutschriften der Versicherung verschwiegen worden seien, so dass diese zuviel gezahlt habe. Es ging im Wesentlichen um eine nachträgliche Gutschrift für „Core für Slick Magnete". Diese ordnete die Kriminalpolizei der Zellenreparatur zu, denn nur so wurde für sie ein Schuh daraus. Eine mit wenigen Klicks durchzuführende Recherche hätte indes ergeben, dass es sich dabei um eine Vergütung für den Teilewert von Zündmagneten handelt, die selbst von einem Laien dem Triebwerkstausch, aber auf keinen Fall der Blechreparatur zugeordnet werden kann. Und so geht es mit einer Reihe von Abrechnungsgutschriften weiter, die der Kriminalhauptkommissar alle der Blechreparatur zuordnen wollte, um mir „wenigstens" einen Betrug von 566,83 Euro zu „beweisen".

Am 16. Juli 2019 nahm meine Anwältin ausführlich zu den Beschuldigungen Stellung und beantragte die Einstellung des Ermittlungsverfahrens gemäß § 170 Abs. 2 StPO. Der Anwalt von Peter Schober nahm am 2. August 2019 Stellung und stellte den gleichen Antrag.

Jetzt wurde es für die Staatsanwaltschaft erst richtig knifflig. Aus den Stellungnahmen ging klar hervor, dass die Vermutungen und Überlegungen des Kriminalhauptkommissars einmal mehr unzutreffend waren. Gleichzeitig würde es wohl langsam peinlich werden, wenn man erneut nach enormem Aufwand ein Verfahren gegen Schaidinger nach § 170 Abs. 2 StPO einstellen müsste, der Schuldvorwurf sich also als nicht haltbar herausstellen würde. Man wusste vielleicht nicht recht, wie man mit dieser Situation umgehen sollte, jedenfalls tat sich lange Zeit nichts. Auch Nachermittlungen versprachen wohl kein anderes Ergebnis, jedenfalls geht aus den Akten nicht hervor, dass in diese Richtung etwas unternommen wurde. Selbst im Oktober 2019, drei Monate nach der abschließenden Stellungnahme, erhielt meine Anwältin auf Nachfrage die Mitteilung, dass man bei der StA „noch keine abschließende Entscheidung getroffen" habe.

Erst nach weiteren vier Monaten, genau am 25. Februar 2020, stellte die StA Regensburg dieses Ermittlungsverfahren (gegen Peter Schober und mich) ein, wie beantragt gemäß § 170 Abs. 2 StPO.

Auch wenn sich die Begründung der Verfahrenseinstellung sehr „schön" liest, weil die Staatsanwältin, die die Entscheidung getroffen hat, sich überhaupt nicht auf die Seite der Kripo schlägt, sondern sehr weitgehend der Argumentation folgt, die von den beiden Anwälten in ihren Sachvorträgen dargelegt wurde, wird durch diese kleine Genugtuung der ganze Ärger und Aufwand, den man mit so einer Sache hat, bei weitem nicht aufgewogen. Von der mentalen Belastung, die man über lange Zeit durchstehen muss, gar nicht zu reden. Und wie der Steuerzahler einen solchen massiven Mitteleinsatz zum Nachweis eines angeblichen Betruges mit einem Schaden von 566,83 € sieht, wollen wir einmal dahinstehen lassen.

„Man muss die Tatsachen kennen,
ehe man sie verdrehen kann."

Mark Twain, amerik. Schriftsteller

INTERMEZZO: UNTREUEVERMUTUNG IN SACHEN MARINAQUARTIER

Es ist zwar nicht gerechtfertigt, aber vielleicht menschlich durchaus verständlich, dass eine Strafverfolgungsbehörde versucht, ihre Haut so weit als möglich zu retten, wenn man merkt, dass ihr alle, aber auch alle Felle langsam davonschwimmen. Menschlich verständlich. Unter dem Aspekt der Strafprozessordnung und der berechtigten Belange der Betroffenen aber nicht nur nicht verständlich, sondern schlicht unakzeptabel. Passiert aber.

In meinem Fall lief das folgendermaßen: Wie im Kapitel „Nibelungenkaserne" dargestellt, gab es nach einigen Monaten der Vorermittlungen aufgrund eines Hausdurchsuchungsbeschlusses vom 06. Dezember 2016 eine Durchsuchung bei mir am 19. Januar 2017. Gleichzeitig und noch einige Monate danach lief eine Überwachung meiner und meiner Familie Telefon- und E-Mail-Kontakte und eine stattliche Reihe von Zeugenvernehmungen. Wenn man sich das öffentliche Umfeld dieser Vorgänge anschaut (darauf wird auch an anderer Stelle Bezug genommen), ist unschwer festzustellen, dass sich zunehmend eine Meinung breit gemacht hat, dass es in Regensburg schon länger vor der Amtszeit von Oberbürgermeister Joachim Wolbergs ein „korruptes", oder anders formuliert: mit der Immobilienbranche auf unzulässige Weise verbundenes „System" gegeben haben muss. Ist ja scheinbar auch ganz einfach: Genauso wie Ärzte und Lehrer in der Regel heutzutage eine besonders positive soziale Bewertung in breiten Schichten der Gesellschaft bekommen, kriegen Politiker und Immobilieninvestoren in der Regel eine besonders schlechte.

In diesem Umfeld ermittelte also die Ermittlungsgruppe der Kripo Regensburg unter Leitung des Kriminalhauptkommissars unermüdlich vom Herbst 2016 an Woche für Woche und Monat für Monat. Aber Beweise für den Verdacht, den man gegen mich formuliert hatte und der durchaus auch medial befeuert wurde, wollten sich einfach nicht einstellen. Das ist für die Ermittler auf eine doppelte Weise unerquicklich, um es mal zurückhaltend auszudrücken. Natürlich ist es ohnehin ärgerlich (und für das Ermittlerrenommee sicher abträglich genug), wenn man in so einer Sache einen Verdacht formuliert, eine gewaltige Ermittlungsmaschine anwirft und doch nichts Konkretes zutage fördern kann. Aber in diesem Fall kommt noch etwas hinzu, was noch viel ärgerlicher ist: In der Öffentlichkeit und vor allem in der veröffentlichten Meinung wurde mehr oder weniger offen darüber spekuliert, ob im CSU-dominierten Bayern zwar intensiv gegen einen SPD-Oberbürgermeister vorgegangen wird (inklusive Verhaftung,) aber ein ehemaliger CSU-Oberbürgermeister möglicherweise, so die Spekulation, bewusst geschont wird.

In so einem Umfeld kann man schon nachvollziehen, wenn ein Strafermittler sinnierend überlegt: Da muss doch irgendwo etwas sein? Da muss doch was zu finden sein!

Und weil es in der Kommunalpolitik natürlich immer und überall politische Streitfragen gibt, damit man in Sachfragen nicht einer Meinung sein muss, weil sich ja eine Opposition nur über alternative Meinungen profilieren kann, braucht man in jeder Stadt, wenn man der Stadtführung etwas anhängen will, lediglich größere Immobilien-Projekte aufzugreifen und zu vermuten, dass da etwas nicht korrekt gelaufen ist. Das ist ein gern gepflegtes Ritual bei angeblichen (und manchmal auch tatsächlichen) Journalisten. Das geht deswegen relativ leicht, weil wegen zwingender Vorschriften der Bayerischen Gemeindeordnung alle Grundstücksangelegenheiten in nichtöffentlicher Sitzung zu behandeln und die Unterlagen auf Dauer der Geheimhaltung unterworfen sind. Wenn man sich aus diesem Grund ohnehin nicht mit Fakten beschäftigen kann, ist spekulativen Vermutungen erst recht Tür und Tor geöffnet.

Genau das tut auch die Ermittlungsgruppe der Kriminalpolizei und vermutet mal, dass beim Verkauf des ehemaligen Schlachthofs in Regensburg an einen Immobilienentwickler eine strafrechtlich relevante Handlung im Spiel gewesen sein könnte.

Natürlich lassen sich mit dem Ergebnis solchen Sinnierens keine konkreten Verdachtsmomente formulieren. Deswegen kriegt man als Kripo in so einer Situation auch keinen Auftrag, gegen jemand konkret zu ermitteln. Also behandelt man das Thema erst einmal als „Allgemeine Rechtssache“ und legt los.

An dieser Stelle ist es für den Leser sicher hilfreich, wenn in aller Kürze ein Überblick über dieses Projekt „Schlachthof“ gegeben wird. Es handelt sich um ein Areal, angrenzend an den Osten der Regensburger Innenstadt, das die Stadt in den 1980-er Jahren per Erbbaurechtsvertrag an einen privaten Schlachtbetrieb gegeben hatte in der Hoffnung, den Schlachthofstandort Regensburg zu sichern. Das gelang nicht, der Schlachtbetrieb war bei meiner Amtsübernahme 1996 schon lange eingestellt, der Erbbaurechtsnehmer betrieb verschiedene Aktivitäten auf dem Areal und ließ die Stadtverwaltung wissen, dass er das Areal nicht vor dem Ende des Erbbaurechtsvertrages 2007 zurückgeben wolle.

Also machte sich die Stadtverwaltung mit Vorlauf – ab 2005 – daran, zu klären, was mit dem Areal, dessen tatsächlicher und imagemäßiger Zustand ziemlich schlecht war, nach dem Rückfall an die Stadt passieren sollte. Recht schnell war Konsens, dass das Grundstück als wichtiges zentrumsnahes Entwicklungsareal dienen sollte, auch wenn ebenso unstrittig war, dass eine solche Strategie aus verschiedenen Gründen (nicht erschlossen, erheblich altlastenbehaftet, mit einer großen denkmalgeschützten Viehauftriebshalle bestückt, überschwemmungsgefährdet, und und und …) nicht leicht umzusetzen sein würde.

Eine Arbeitsgruppe der Stadtverwaltung bereitete das gesamte Thema auf (natürlich mit einer Menge Untersuchungen von der aufwändigen

Altlastenuntersuchung bis hin zur Schätzung denkmalpflegerischer Aufwendungen für die Viehhalle) und schlug eine europaweite Ausschreibung des Areals vor, was der Stadtrat 2009 auch beschloss – auch wenn die Skepsis, ob ein solches Verfahren angesichts der Belastungen des Areals einerseits und der städtebaulichen Anforderungen andererseits für die Stadt mit einem positiven Saldo abzuschließen sein würde, groß war. So war es nicht verwunderlich, dass es nur wenige ernsthafte Interessenten gab und nach den Detailverhandlungen nur ein Interessent übrig blieb, bei dem die Stadt auf das Projekt nicht auch noch Geld drauflegen musste. Die drei zuständigen Stadtratsausschüsse (Vergabe, Liegenschaften, Stadtplanung) beschlossen am 31. März 2011 jeweils einstimmig (!) die Vergabe an den verbliebenen Bieter.

Es darf vermutet werden, dass die Kripo von diesem Ablauf dieses Projekts nichts wusste, als sie im Herbst 2017 – gegen Schaidinger konnte man in Sachen Nibelungenkaserne nichts vorweisen – begann, nach unkorrekten Handlungen von mir bei der Vergabe des Schlachthofareals zu forschen.

Solange es keinen konkreten Verdacht gibt, weiß man als Betroffener von solchen Nachforschungen natürlich nichts. Ich erfuhr davon allerdings Ende November 2017 zufällig, als mir ein städtischer Mitarbeiter davon erzählte, dass er in dieser Sache vernommen worden sei. Grund der Vernehmung sei, so berichtete der städtische Mitarbeiter, der gegen mich gerichtete strafrechtliche Vorwurf der Untreue gewesen. Bemerkenswert bei einem Verfahren, das noch als „AR-Sache" geführt wurde, also ohne einen konkreten Beschuldigten.

Die Vernehmung wurde als von der Seite der vernehmenden Kripo-Beamten aggressiv („ins-Wort-fallen und oft unterbrechen") geführt geschildert. Es wurde mehrfach nach den verwaltungsinternen Verfahren und der angeblichen Einwirkung des Oberbürgermeisters gefragt, die Aussage des Zeugen, dass sich der Oberbürgermeister überhaupt nicht in dieses laufende Verfahren eingemischt habe, stellte die Ermittler nicht zufrieden. Der Zeuge schilderte die Vorgänge so, wie sie waren, auch das stellte die Ermittler nicht zufrieden.

Schließlich kam der Zeuge dahinter, dass vor ihm schon mehrere andere leitende städtische Mitarbeiter vernommen worden waren. In einem Fall wurde einem Zeugen die Frage gestellt, wie es denn sein könne, dass zwei vorher vernommene Personen übereinstimmend das Gleiche ausgesagt hätten. Darauf erwiderte dieser Zeuge, dass das wohl daran läge, dass es eben die Wahrheit sei und bestätigte die Richtigkeit der vorherigen Aussagen. Das stellte dann die Ermittler schon überhaupt nicht mehr zufrieden.

Also versucht man es in den Vernehmungen anders: Die Ermittler fragten die Zeugen aus der Stadtverwaltung, wie es denn dazu kommen konnte, dass ein Projektentwickler das Areal erwerben konnte, wo doch mittlerweile offen (nämlich in einem Newsblog!) kolportiert wurde, dass mindestens ein anderer Immobilieninvestor für den Quadratmeter einen deutlich höheren Preis zu zahlen bereit gewesen wäre und das angeblich in der Angebotsphase der Ausschreibung auch erklärt hätte.

Dieses Thema war durch eine Rückfrage bei dem Bauträger, der angeblich ein solches Angebot gemacht habe, einfach klärbar. Das hat man erstaunlicherweise am 17. November 2017 auch gemacht. In seiner Antwort hat der Bauträger klar erklärt, dass er kein Angebot im Bieterverfahren abgegeben habe. Und er hat auch erklärt, warum nicht. Also ein weiterer klarer Hinweis, dass bei dieser Ausschreibung alles korrekt gelaufen ist. Aber solche klaren Hinweise hat man wieder beiseitegelegt, um weiter Vermutungen pflegen zu können.

Die Erklärung dafür, warum der angeblich höhere Preis keiner war, lieferten die städtischen Mitarbeiter dann den Ermittlern. Natürlich besteht ein gewaltiger Unterschied zwischen dem Preis für den Quadratmeter unerschlossenes Rohbauland, wenn der Erwerber die gesamten Kosten für die Planung, Baureifmachung, Erschließung, Altlastenbeseitigung sowie Herstellung der Ver- und Entsorgungsinfrastruktur tragen muss und dem Preis für den Quadratmeter voll erschlossenes Nettobauland, bei dem alle diese Vorbereitungsarbeiten erledigt sind und man sofort bauen kann. So war es in diesem Fall auch. Der erstplatzierte Bieter im Vergabeverfahren hat alle Erschließungs- und Entwicklungsleistungen durchgeführt und dann das erschlossene Nettobauland an einen Bauträger weiterverkauft. Seine Aufwendungen hat er natürlich auf seine Erwerbskosten aufgeschlagen. Der Bauinvestor, der angeblich ein so viel besseres Angebot zu machen bereit gewesen wäre, hat das fertig entwickelte und erschlossene Nettobauland gekauft und dafür natürlich einen deutlich höheren Preis bezahlt als der Projektentwickler für das unerschlossene Bruttorohbauland.

Nachdem also der Ablauf erklärlich war, die in Newsblogs geäußerten Meinungen sich als ahnungslos entpuppt hatten und zudem auch keinerlei Indizien für ein Eingreifen von mir vorlagen, geschweige denn für eine Gegenleistung von dritter Seite, mussten sich die Ermittler dann doch geschlagen geben.

Ergebnis der Ermittlungen: wieder einmal – nichts!

Aber halt! Da tat sich zu diesem Zeitpunkt im November 2017 für die Ermittler vermeintlich doch noch ein Hoffnungsschimmer auf. Die gleiche Stadtverwaltung, die im Jahr 2009 als eine der Grundlagen für das europaweite Ausschreibungsverfahren ein relativ aufwändiges Altlastengutachten hatte erstellen lassen, musste dem Stadtrat mitteilen, dass sich Teile der Beurteilung der Bodenaltlasten als unzutreffend herausgestellt haben. Die Ermittler dachten sich wohl: Kann man nicht daraus noch etwas machen?

Weil das frühere Gutachten als Grundlage für die Kostenaufteilung der Altlastenbeseitigung zwischen Stadt und Projektentwickler gedient hatte, musste die Stadt, die das Gutachten allein beauftragt und abgenommen hatte, nun natürlich die Mehrkosten der Altlastenbeseitigung übernehmen. Nicht angenehm, nicht häufig so, aber es kommt eben vor. Was war der Grund dafür, dass die Altlasten im ersten Anlauf nicht entdeckt worden waren? Die Verwaltung hatte für die Bodenuntersuchungen ein bestimmtes Bohrraster vorgegeben und die am Aufwändigsten zu entsorgenden Altlasten lagen genau zwischen diesen Rasterpunkten und blieben daher bei der Altlastenuntersuchung unentdeckt. Ist zwar höchst ärgerlich, kann aber passieren.

Im Stadtrat sollte daraus – obwohl sachlich erklärbar – politisch Kapital geschlagen werden und zwar hauptsächlich von denjenigen, die das durchgeführte Vergabeverfahren gar nicht kannten, weil sie damals dem Stadtrat noch gar nicht angehörten. Aber letztlich half alles nichts – die StA Regensburg, die mit der Formulierung von konkreten Verdachtsmomenten auch ohne beweiskräftige Fakten gegen mich sonst durchaus nicht zurückhaltend war, mochte bei dieser Räuberpistole der Kripo doch nicht weiter mitmachen. Das Ermittlungsverfahren (AR-Aktenzeichen „Allgemeine Rechtssache“) wurde eingestellt, bevor überhaupt Schuldvorwürfe erhoben wurden.

„Behauptung ist nicht Beweis."

William Shakespeare, engl. Dramatiker

DER FISKUS SPRINGT AUF: STEUERSTRAFVERFAHREN

Man lernt viel über unseren (Rechts?)-Staat, wenn einen Strafverfolgungsbehörden, die – man muss es immer wieder betonen – ja zur Exekutive gehören und nicht zur Judikative, einmal in den Fingern haben. Zuerst reibt man sich erstaunt die Augen, aber sehr bald wundert man sich über nichts mehr ...

Sehr zeitnah nach der Information im Januar 2017, dass gegen mich wegen Bestechlichkeit ermittelt werde, bekam ich am 31. März per Postzustellungsurkunde die Mitteilung, dass gegen mich ein Steuerstrafverfahren eingeleitet worden sei. Um zu erfassen, was man mir vorwirft, musste ich die Mitteilung mehrfach lesen; nachfolgend der Vorwurf im Original:

Sehr geehrter Herr Schaidinger,

hiermit gebe ich Ihnen im Auftrag der Staatsanwaltschaft Regensburg bekannt, dass am 13.03.2017 gegen Sie das Steuerstrafverfahren eingeleitet wurde.

Das Steuerstrafverfahren gegen Sie wurde wegen des Verdachts der

- **Hinterziehung der Körperschaftsteuer, des Solidaritätszuschlages zur Körperschaftsteuer, der Gewerbesteuer und der Umsatzsteuer des Jahres 2014 zu Gunsten der Firma BTT Bauteam Tretzel GmbH**
- **Versuch der Hinterziehung der Körperschaftsteuer, des Solidaritätszuschlages zur Körperschaftsteuer, der Gewerbesteuer des Jahres 2015 zu Gunsten der Firma BTT Bauteam Tretzel GmbH**
- **Hinterziehung der Umsatzsteuer 2015 zu Gunsten der Firma BTT Bauteam Tretzel GmbH**
- **Hinterziehung der Umsatzsteuer der Monate Januar und Februar 2016 zu Gunsten der Firma BTT Bauteam Tretzel GmbH**

jeweils begangen durch Abgabe inhaltlich unrichtiger Steuererklärungen und Umsatzsteuervoranmeldungen der Firma BTT Bauteam Tretzel GmbH beim Finanzamt in Mittäterschaft zu Herrn Volker Tretzel als Geschäftsführer der Firma BTT Bauteam Tretzel GmbH

gemäß §§ 369 Absatz 1 Nr. 1, 370 Absatz 1 Nr. 1 AO, § 25, 27 StGB, § 4 EStG i. V. m. § 7 Abs. 1 KStG, § 7 GewStG, § 15 UStG eingeleitet.

Der Gedankengang hinter dem Vorwurf:

Weil man davon ausgeht, dass ich wissentlich Bestechungsgelder angenommen habe, die steuerlich vom Unternehmen nicht als Betriebsausgaben geltend gemacht werden können, weshalb sie der Einfachheit halber als Beraterhonorare getarnt worden sein sollen, hätte ich bewusst dazu beigetragen, dass der Zuwender Steuern hinterzogen habe. Die Vorwürfe lesen sich so, als hätte ich persönlich und unmittelbar an der Abgabe von unrichtigen Steuererklärungen mitgewirkt.

Man muss beileibe kein Steuerfachmann sein, es genügt für den „Normalbürger" der jährliche Umgang mit der Steuererklärung, um sich klar darüber zu sein, dass unser Staat ungnädig mit seinen Bürgern umgeht, wenn es darum geht, wie er an das Geld der Bürger kommt. Dass er dabei so weit geht, einem Empfänger von angeblich unrechtmäßig empfangenen Zahlungen gleich auch noch zu unterstellen (ohne dafür irgendeinen Beweis anführen zu können), er hätte damit aktiv an der Steuerhinterziehung des Zuwenders mitgewirkt, ist schon eine besondere Qualität staatlicher Nachstellung.

Solche Verdächtigungen kommen „ausnahmsweise" nicht von der Kriminalpolizei, dafür unterhält die Finanzverwaltung eigene Steuerfahndungsstellen bei zentralen Finanzämtern. Dort sind keine Juristen, sondern Finanzbeamte tätig. Zur teilweisen Ehrenrettung der in meinem Fall ermittelnden Stelle beim Finanzamt Nürnberg-Süd sei angemerkt, dass sich in deren Berichten bereits sehr früh eine Feststellung fand, dass „die steuerstrafrechtliche Würdigung … „von der Einordnung der Zahlungen als Vorteilsgewährung bzw. Bestechungszahlungen" … abhängt. Weiter in einem Aktenvermerk: „Sollte der Bestechungsvorwurf sich nicht bestätigen, fallen die Rechnungen nach Meinung der Steuerfahndung unter den Punkt Angemessenheit." Die Rechnungen, die hier gemeint sind, sind meine Rechnungen für tatsächlich erbrachte Beratungsdienstleistungen aus meinem Beratervertrag mit der BTT in der Zeit nach dem Ende meines Amts als Oberbürgermeister.

Immerhin blieb es ausgerechnet der Steuerfahndung vorbehalten, in einer Phase der Verfahren, in der andere Verfolgungsbehörden aufgrund gehäufter Ermittlungsfehler immer nur falsche Verdächtigungen aneinanderreihten, auch einmal einen logischen Gedankengang aufzuzeigen.

Weniger angenehm war die aus diesen Formulierungen abzuleitende Schlussfolgerung, dass dieses Verfahren so schnell nicht vorangehen würde. Klar war, dass die Steuerfahndung und auch die für dieses Verfahren zuständige Staatsanwaltschaft Regensburg das Ergebnis der Ermittlungsverfahren bezüglich Bestechlichkeit/Vorteilsannahme abwarten würden. Aber damit musste ich leben.

Weniger schön war allerdings die Tatsache, dass ich, als diese vorgängigen Ermittlungsverfahren mit einem für mich sehr positiven Ergebnis (Verfahrenseinstellung nach § 170 Abs. 2 StPO) eingestellt waren, mit einer doch recht eigenartigen Besonderheit des deutschen Strafrechts konfrontiert wurde.

Eine strafprozessuale Grundregel postuliert, dass wenn der Staat einen Bürger wegen eines strafrechtlichen Fehlverhaltens sanktionieren möchte, nicht der Bürger seine Unschuld, sondern der Staat die Schuld des Täters beweisen muss. Von der Geltung dieses Postulats bin ich zwar ohnehin nach drei Jahren Erfahrung mit der Arbeit von Ermittlungsbehörden überhaupt nicht mehr überzeugt, aber hinzu kommt: Beim Steuerstrafrecht gilt das Postulat von vornherein nicht. Nicht der Staat muss beweisen, dass er einen Anspruch auf bestimmte Steuerzahlungen hat, sondern der vermeintlich Steuerpflichtige muss beweisen, dass der Staat diesen Anspruch nicht hat.

Meine Anwältin erhielt also die Aufforderung, dass ich trotz der oben schon zitierten Auffassung der Steuerfahndung, dass, wenn meine Einkünfte nicht aus Bestechung/Vorteilsannahme stammten, sie als angemessen anzusehen seien, den Umfang meiner Beratungstätigkeit und die Angemessenheit meiner Beratungshonorare schriftlich und ausführlich darzulegen hätte. So schnüffelt der Staat, auch wenn alle strafrechtlichen Vorwürfe bereits weggefallen sind, in den zivilrechtlichen Vertragsverhältnissen seiner Bürger. Zur Klarstellung: Um die Frage, ob ich alle meine Einnahmen ordnungsgemäß versteuert hätte, ging es zu keinem Zeitpunkt. Schon zu Beginn dieser Ermittlungen stand fest, dass der Fiskus von mir jede auf diese Einkünfte entfallende Umsatzsteuer und Einkommensteuer auf den letzten Cent genau erhalten hat.

Und der Staat setzt auf die beschriebene „Beweislastumkehr" noch einen strafprozessrechtlich fragwürdigen Aspekt drauf: Während man als Beschuldigter sich sonst immer erst zu äußern braucht, wenn man aus der Einsicht in die Ermittlungsakten das, was einem vorgeworfen wird, inklusive Begründung des Vorwurfs genau kennt, ist es im Steuerstrafecht offenbar umgekehrt. Man soll Stellung nehmen, auch wenn vorgängige Vorwürfe ausgeräumt sind und man das, was einem noch vorgeworfen werden könnte, überhaupt noch nicht aus Schriftsätzen oder Vermerken der Strafverfolgungsbehörden kennt.

Im Ermittlungsbericht der Steuerfahndungsstelle des Finanzamts Nürnberg-Süd vom 7. August 2019 wird, weil man offenbar den Abschluss der vorgängigen Ermittlungsverfahren doch nicht abgewartet hat, nach wie vor davon ausgegangen („Kern des Vorwurfs"), dass aufgrund der Ermittlungen *„die Beratungsleistungen zum weit überwiegenden Teil nicht durchgeführt wurden, sondern die Zahlungen aufgrund von Vorteilsgewährung/Bestechung geflossen sind"* (S. 5.). Auf Seite 11 des Berichts wird nochmals klargestellt: Die *„steuerstrafrechtliche Würdigung hängt von der Einordnung der Zahlungen als Vorteilsgewährung bzw. Bestechungszahlungen ab."* Auf Seite 19 wird dies im Abschnitt „6.4 Steuerliche Würdigung" erneut bekräftigt: *„Die steuerstrafrechtliche Würdigung hängt vom Ergebnis des staatsanwaltschaftlichen Ermittlungsverfahrens, gegebenenfalls eines gerichtlichen Strafverfahrens ab. Je nachdem ob ein Tatnachweis der Vorteilsgewährung oder Bestechung geführt werden kann, liegt eine Schenkung bei Vorteilsgewährung oder Einkünfte bei Bestechung vor."*

Nachdem die StA Regensburg – kurz danach – nämlich mit Verfügung vom 19. August 2019 das Ermittlungsverfahren, auf das sich der Ermittlungsbericht der Steuerfahndungsstelle bezog, gemäß § 170 Abs. 2 StPO eingestellt hat, ist die Grundlage für die Vorwürfe und Beschuldigungen im Verfahren 157 Js 6284-17 vollumfänglich weggefallen. Aber wie vorhin angeführt, reicht das dem Staat, wenn es um Geld geht, das er gerne kriegen möchte, noch lange nicht. Der Steuerbürger muss darlegen und belegen, dass er korrekt gehandelt hat.

Also noch einmal eine detaillierte 13-seitige Stellungnahme meiner Anwältin, eingereicht am 14. Oktober 2019. Der Frust der Staatsanwaltschaft darüber, wieder einmal ein Ermittlungsverfahren gemäß § 170 Abs. 2 StPO einstellen zu müssen, muss groß gewesen sein. Immerhin hat es danach noch ein geschlagenes Jahr gedauert, bis diese „Verfahrenseinstellung erster Klasse“ am 2. Oktober 2020 verfügt wurde.

Eine vielleicht interessante, vielleicht sogar amüsante Nachbetrachtung:

Falls das Finanzamt den Ergebnissen der Ermittlungen im Bezugsverfahren (z. B. Zeugenaussagen und andere Belege für durchgeführte Beratungsleistungen) nicht hätte folgen wollen, hätte es die erhaltenen Zahlungen als zulässige Schenkung betrachten müssen, auf die ein Schenkungssteuersatz von 30% anzuwenden gewesen wäre. Das wäre dann im Ergebnis für mich ein recht gutes Geschäft gewesen, weil ich für die Einkünfte aus der Beratungstätigkeit einen Durchschnittssteuersatz von deutlich über 30% bezahlen musste.

Trösten kann ich mich immerhin mit der Erkenntnis, dass sowohl die Feststellungen der Steuerfahndung, die Verfahrenseinstellung der Staatsanwaltschaft als auch die Veranlagung des Finanzamts bestätigen, dass ich meine Beratungsleistungen ordentlich erbracht und korrekt als Arbeitseinkünfte in der Einkommensteuererklärung angegeben habe. Das ist jetzt immerhin „amtlich“ festgestellt.

„Jeder hält die Grenzen des eigenen Gesichtsfelds
für die Grenzen der Welt."

Arthur Schopenhauer, dt. Philosoph

BEAMTENNORMALITÄT: DISZIPLINARVERFAHREN

Es erregt zwar immer wieder Erstaunen und Verwunderung, aber es ist schlicht der Normalfall. Wenn gegen einen Beamten strafrechtlich ermittelt wird, erfolgt eine Mitteilung darüber an seinen Dienstvorgesetzten, der daraufhin – weil er in der Regel auch der Disziplinarvorgesetzte ist – ein Disziplinarverfahren zu eröffnen hat. Dahinter steckt der Gedanke, dass ein Beamter – auch nach seinem Dienstzeitende übrigens – ja immer zu einem besonders vorbildlichen Verhalten verpflichtet ist. Beamter bleibt man insoweit bis zu seinem Tod. Wenn er sich also in strafrechtlicher Hinsicht etwas zuschulden kommen lässt, dann muss er sich im Hinblick auf die Verletzung seiner Vorbildpflicht auch disziplinarisch verantworten.

Nun hat ein bayerischer Oberbürgermeister über sich nur einen blauen Himmel – er hat schlicht keinen Dienstvorgesetzten, was in Deutschland übrigens nur bei ganz wenigen Beamten so ist. Der bayerische Oberbürgermeister hat auch keinen Disziplinarvorgesetzten. Weil man aber keinen Beamten, auch nicht einen Oberbürgermeister, vogelfrei stellen kann, hilft man diesem Vorgesetztenmangel im Bayerischen Disziplinargesetz (BayDG) ab. Dort ist geregelt, dass das jeweilige Regierungspräsidium, in dem der Beamte seinen Dienstsitz hat, die „Aufgaben des Disziplinarvorgesetzten wahrnimmt."

Weil aber solche Disziplinarfälle recht selten und diese Fälle immer rechtlich kompliziert sind, dürfen die Regierungspräsidien in Bayern die Durchführung dieser Verfahren der Landesanwaltschaft Bayern in München übertragen, wovon auch überwiegend Gebrauch gemacht wird. Damit können sich die Regierungspräsidenten dieser bestimmt nicht angenehmen Aufgabe elegant entledigen.

So auch in meinem Fall. Schon recht bald nach der ersten Hausdurchsuchung bekam ich am 26. Januar 2017 von der Landesanwaltschaft die Mitteilung, dass man gegen mich ein Disziplinarverfahren eingeleitet habe. Weil aber die Disziplinarbehörde nicht schlauer sein kann als die Staatsanwaltschaft, die ja über alle scharfen Schwerter des strafprozessrechtlichen Ermittlungsarsenals verfügt, lässt in einem solchen Fall die Landesanwaltschaft als Disziplinarbehörde die Staatsanwaltschaft erst einmal die Arbeit machen und setzt das Disziplinarverfahren unmittelbar nach der Einleitung gleich wieder aus – legt es also erst mal auf Eis. So auch in meinem Fall. Die Mitteilung darüber lag im gleichen Brief wie die Einleitungsverfügung.

Wegen dieser Verfahrensweise passiert in einem Disziplinarverfahren häufig erst einmal lange Zeit gar nichts; so auch in meinem Verfahren. Erst 3 (!) Jahre später meldete sich die Behörde wieder. In der Zwischenzeit hatte sie aufgrund der Akteneinsicht Kenntnis davon, dass die Staatsanwaltschaft Regensburg das erste Ermittlungsverfahren mit dem Vorwurf, bei meinem Beratervertrag mit der BTT GmbH handele es sich um einen Akt der Bestechlichkeit/Vorteilsannahme, wegen der Nichthaltbarkeit des Tatvorwurfs gemäß § 170 Abs. 2 StPO eingestellt hat.

Wer nun glaubt, wenn einem die StA bescheinigt, mit einem Vertrag, den man als Ruhestandsbeamter geschlossen hat, strafrechtlich eine weiße Weste zu haben, dann müsste das auch disziplinarisch so gesehen werden, der irrt! Das folgt schon deswegen nicht zwingend aufeinander, weil das Strafrecht und das öffentliche Dienstrecht zwei völlig verschiedene Rechtsgebiete sind. Und das Beamtenrecht ist nicht milder als das Strafrecht, sondern mindestens genauso scharf; wie man gleich sehen wird, sogar schärfer. Es bestimmt im § 42 des Beamtenstatusgesetzes (BeamtStG), dass Beamte, auch nach Beendigung des Beamtenverhältnisses, keine Belohnungen, Geschenke oder sonstigen Vorteile für sich oder eine dritte Person in Bezug auf ihr Amt fordern, sich versprechen lassen oder annehmen dürfen.

Und jetzt geriert sich die Landesanwaltschaft als „Ober"-Korruptions-Sanktions-Behörde: Am 15. Januar 2020 teilt sie mir mit, dass das Disziplinarverfahren wegen der Einschätzung, dass der Abschluss des Beratervertrages, auch wenn dabei alles korrekt gelaufen wäre, gleichwohl beamtenrechtlich gesehen die Annahme eines Vorteils und damit einen Verstoss gegen meine beamtenrechtlichen Pflichten darstellen würde. Deswegen würde das Disziplinarverfahren fortgeführt.

Diese Argumentation ist so ungeheuerlich, dass ich sie erst nach mehrmaligem Durchlesen verstehen konnte. Sie stellt praktisch ein Berufsverbot oder Kontrahierungsverbot für einen Beamten dar, der nach seinem Dienstzeitende als Freiberufler wieder in seinem Beruf arbeiten möchte, weil sie eine vertraglich vereinbarte Beratungstätigkeit grundsätzlich als Annahme eines Vorteils sieht, weil ja der Beamte nichts annehmen darf – auch kein Vertragsangebot – worauf er keinen Rechtsanspruch hat. Außerdem kommt darin die Einschätzung der Landesanwaltschaft zum Ausdruck, dass es schon ein nicht akzeptabler Vorteil sei, wenn ein ehemaliger Beamter die Möglichkeit zum Abschluss eines Vertrages bekäme, die der Normalbürger nicht gleichermaßen bekäme. So die Argumentation der Landesanwaltschaft, die mich – das hatte ich schon erwartet – in diesem Schreiben auch davon in Kenntnis setzte, dass sie das Disziplinarverfahren auch auf den Komplex „Feuerbachweg" ausgedehnt habe. Denn dieses Verfahren lief zu dieser Zeit noch.

Nun ist es absolut verständlich und richtig, dass ein Beamter auch nach seinem Dienstende keinen Vorteil annehmen darf, der ihm mit einem Bezug zu seiner früheren dienstlichen Tätigkeit gewährt wird oder wenigstens gewährt sein könnte. Und das Beamtenrecht postuliert richtigerweise auch, dass der Beamte eine gewisse Zeit (in Bayern sind das 3 Jahre nach Dienstende) keine Aufgaben ausführen darf, die den Interessen seines früheren Dienstherrn nicht entsprechen.

Beides habe ich aber in meinem Beratervertrag ausdrücklich berücksichtigt, weil mir wichtig war, nicht bei Sachverhalten tätig werden zu müssen, die im Widerspruch zu meiner Haltung oder Entscheidungen als Oberbürgermeister stehen würden. Ich habe bei meiner Beratungstätigkeit deshalb einschlägige Regensburger Themen ausdrücklich ausgeschlossen, mit einer Ausnahme: Das betraf die Entwicklung eines Baugebiets im Stadtnorden, wobei – und das ist hier entscheidend – die Interessen des Investors deckungsgleich waren mit der Beschlusslage des Stadtrats, so wie ich sie auch in meiner Dienstzeit als Oberbürgermeister unterstützt und vertreten hatte.

Nach dieser Mitteilung schwante mir schon, dass auch dieses Verfahren nicht so einfach werden würde, und ich betraute meine Anwältin angesichts der zwar hanebüchenen, aber selbstbewusst von der Landesanwaltschaft vorgetragenen Argumentation, meine Interessen auch in diesem Verfahren zu vertreten.

So lief also die gleiche Maschinerie an, die ich nunmehr schon aus einer Reihe von Verfahren kannte: ausführliche sachliche Stellungnahme und rechtliche Bewertung meiner Anwältin in der Hoffnung, dass der Verfahrensbehörde damit der Weg zu einer sachbezogenen Entscheidung aufgezeigt werden könnte. Das ging recht schnell. Denn bereits am 13. Februar 2020 ging die Stellungnahme raus, weil ja meine Anwältin alle Fragen in den früheren Stellungnahmen an die Staatsanwaltschaft schon einmal aufbereitet hatte.

Danach aber ruhte die Rechtspflege. Ein ganzes halbes Jahr später dann eine Nachfrage meiner Anwältin bei der Landesanwaltschaft nach dem Sachstand – ohne Antwort.

Erst im November 2020 gab es eine Reaktion der Landesanwaltschaft und wie aus dem zeitlichen Ablauf zu vermuten war, offenbarte sie dort die gleiche Notlage, in der sich vorher schon die Regensburger Ermittlungsbehörden befunden hatten: Die Kluft zwischen der allgemeinen Erwartung, dass „da doch was sein müsse“, und den Fakten war groß und man musste sich große Mühe geben, Vorwürfe zu formulieren und das Risiko eingehen, dass diese Vorwürfe immer abenteuerlicher und/oder spitzfindiger wurden. Weil man sich langsam klar darüber wurde, dass die massiven Vorwürfe, die man zunächst aufgetischt hatte, sich nicht halten lassen würden, kam man dann auf den Trichter, mir „nur“ noch einen Verstoß gegen die beamtenrechtliche Pflicht vorzuwerfen, meine freiberufliche Tätigkeit dem früheren Dienstherrn anzuzeigen.

Dazu ist sinnvollerweise im § 41 Beamtenstatusgesetz geregelt, dass ein Ruhestandsbeamter eine Erwerbstätigkeit außerhalb des öffentlichen Dienstes innerhalb von drei Jahren nach Dienstende seinem früheren Dienstherrn anzeigen muss, wenn – und das ist entscheidend – diese Tätigkeit im Zusammenhang mit seiner früheren dienstlichen Tätigkeit steht **und** durch diese Tätigkeit Interessen des früheren Dienstherrn beeinträchtigt werden können.

Als ordentlicher Beamter kannte ich diese Bestimmung und stimme ihr auch aus Überzeugung zu. Sie besagt nicht mehr und nicht weniger, als dass eine Behörde für eine gewisse Zeit nach dem Ausscheiden eines früheren beamteten Mitarbeiters dagegen vorgehen können muss, wenn der frühere Kollege gegen die Interessen seines früheren Dienstherrn agiert. Das ist schon deswegen sinnvoll und notwendig, damit der Bürger, der manche Details nicht durchschauen kann, nicht verständnislos beobachten muss, wie der Beamte forsch gegen seinen früheren Dienstherrn arbeitet. Interessanterweise gibt es zu diesem Aspekt des § 41 Beamtenstatusgesetz eine Menge Rechtsprechung. Die Gerichte unterscheiden dabei klar, ob ein ehemaliger Beamter einen Bürger berät oder vertritt in einer Sache, wo der Bürger eine konträre Auffassung zur Meinung der Behörde vertritt, der der Beamte früher angehört hat, oder ob der Beamte eben nicht gegen die Haltung seiner ehemaligen Behörde handelt. Im ersteren Fall konstatieren die Urteile logischerweise einen unzulässigen Verstoß gegen den § 41 BeamtStG, im letzteren Fall eben nicht.

Wie oben schon aufgeführt, habe ich aus Überzeugung bei der Abfassung meines Beratervertrages darauf geachtet, dass ich nicht in Angelegenheiten tätig werde, in denen ich den Interessen der Stadt Regensburg zuwiderhandeln müsste. Das habe ich der Stadt Regensburg auf Anfrage im September 2016 auch mitgeteilt und die Stadt hat diese Mitteilung akzeptiert. Dieser Beratervertrag mit der Anlage, in der die Beratungssachgebiete aufgeführt waren, lag der Disziplinarbehörde auch vor.

All das hat die Landesanwaltschaft aber nicht davon abgehalten, trotzig, im Widerspruch zur Formulierung des § 41 BeamtStG und wider die Fakten anderer Meinung zu sein. Dazu musste man die Tatsachen sehr kunstvoll kombinieren und darstellen, um den Vorwurf, gegen die erwähnte beamtenrechtliche Anzeigepflicht verstoßen zu haben, aufrecht halten zu können. Wohlgemerkt: in dieser Phase ging es nicht mehr um ein Fehlverhalten in der Amtsführung, sondern nur noch um einen formalen Vorgang während meines schon begonnenen Ruhestandes. Mit Verwunderung habe ich zur Kenntnis genommen, dass die Landesanwaltschaft eine Menge Zeit und Anstrengung darauf verwendete, einen an diese Formalie anknüpfenden Vorwurf aufzubauschen, nachdem alle Vorwürfe, ich hätte mich in meiner Amtszeit nicht korrekt verhalten, genauso wie bei den strafrechtlichen Ermittlungen als nicht haltbar aufgegeben werden mussten.

Mit welcher Verve man diesen Verstoß gegen die angebliche Anzeigepflicht hochzuhalten versuchte, mag folgende Argumentation der Behörde exemplarisch zeigen.

Wie oben erwähnt, gibt es die Anzeigepflicht nur für den oben schon angeführten Fall, dass ein Zusammenhang mit der früheren dienstlichen Tätigkeit besteht **und** durch die Tätigkeit Interessen des früheren Dienstherrn beeinträchtigt werden könnten. Aus dieser klar bedingten Pflicht macht die Landesanwaltschaft eine unbedingte Anzeigepflicht, in dem sie ausführt:

> *„Die Anzeigepflicht besteht nämlich bereits dann, wenn die Möglichkeit einer Beeinträchtigung dienstlicher Interessen zu besorgen ist. Auf einen minderen oder höheren Grad von Wahrscheinlichkeit kommt es nicht an. Es reicht schon die*

evtl. auch fernliegende Möglichkeit einer Beeinträchtigung dienstlicher Interessen. Es obliegt dem Dienstherrn und nicht dem Betroffenen, eine sachgerechte Abschätzung der möglichen Beeinträchtigung dienstlicher Interessen vorzunehmen. …
Ein Ruhestandsbeamter muss grundsätzlich von der Möglichkeit der Beeinträchtigung dienstlicher Interessen ausgehen, wenn … der Zusammenhang mit der früheren dienstlichen Tätigkeit gegeben ist und die neue Erwerbstätigkeit eine Beziehung zum Verwaltungshandeln bringen kann."
(Zitat aus der Verfügung der Landesanwaltschaft Bayern vom 23. November 2020.)

Ein – auch sprachlich – sehr interessantes Beispiel, wie Juristen eine Rechtsvorschrift, die klare Begrifflichkeiten enthält, zurechtbiegen, damit sie als Begründung des eigenen Vorgehens tauglich wird, wenn man sonst nichts mehr in der Hand hätte.

Also nochmals Akteneinsicht durch meine Anwältin und nochmals 12 Seiten Schriftsatz. Darin sogar eine Reihe von Gerichtsentscheidungen, aus denen hervorgeht, dass sich die Auffassung der Disziplinarbehörde, wonach ich praktisch auf jeden Fall eine Anzeigepflicht für meine Beratertätigkeit gehabt hätte, nicht halten lässt. In diesen Entscheidungen ist klargestellt worden, dass so eine Pflicht eben nicht immer und schon dann gegeben ist, wenn der ehemalige Beamte sich mit etwas befasst, was der frühere Dienstherr gerade bearbeitet, sondern erst dann, wenn der „künftige Entscheidungsspielraum des Dienstherrn" eingeschränkt würde. Wie schon angeführt, habe ich mich ohnehin nur in einer Sache mit einem städtischen Projekt befasst, aber eben nicht so, dass ich den städtischen Interessen entgegen gearbeitet hätte, sondern im Gegenteil genau in der Weise, dass die städtischen Ziele unterstützt wurden.

Einen Monat später rückte die Disziplinarbehörde dann in einem umfangreichen Schriftsatz doch mit der Absicht heraus, das Disziplinarverfahren einzustellen – ohne Sanktionen. Trotzdem hielt man in diesem

Verfügungsentwurf, in dem man natürlich abschließend eine Reihe von Vorwürfen zurücknehmen musste, mit aufwändiger Argumentation über viele Seiten daran fest, mir nur noch wegen der unterlassenen Anzeige meiner freiberuflichen Tätigkeit einen Verstoß gegen das Beamtenstatusgesetz anzuhängen.

Meine oben schon erwähnte Verwunderung über diese Verfahrensweise löste sich erst in diesem Stadium auf, weil ich bei der detaillierten Lektüre des Verfügungsentwurfs zur Verfahrenseinstellung auch den Text des Bayerischen Disziplinargesetzes studierte. Und da entdeckte ich den Grund für diese Verfahrenseinstellung ohne Disziplinarmaßnahme, aber unter Beibehaltung eines im Grunde nebensächlichen Vorwurfs. Wie so häufig geht es ums liebe Geld.

Man lernt nie aus! Bei dieser Gesetzeslektüre entdeckte ich etwas, was nicht nur ich vorher nie realisiert hatte. Zum Nachvollziehen nachstehend der einschlägige Art. 33 Abs. 1 des BayDG im Wortlaut:

Art. 33 Einstellungsverfügung

(1) Das Disziplinarverfahren wird eingestellt, wenn
1. ein Dienstvergehen nicht erwiesen ist,
2. ein Dienstvergehen zwar erwiesen ist, eine Disziplinarmaßnahme jedoch nicht angezeigt erscheint,
3. nach Art. 15 oder Art. 16 eine Disziplinarmaßnahme nicht ausgesprochen werden darf oder
4. das Disziplinarverfahren oder eine Disziplinarmaßnahme aus sonstigen Gründen unzulässig ist.

Während die Ziffern 1 bis 3 auch für den juristisch nicht so routinierten Leser gut lesbar sind, gilt das nicht für die Ziffer 4. Diese Ziffer ist nicht nur einschlägig, wenn eine Disziplinarmaßnahme unzulässig ist, sondern auch dann, wenn das ganze Verfahren unzulässig gewesen ist. Klingt alles erst mal gut. Die Trickserei, die damit verbunden ist, erschließt sich erst, wenn man sich daran macht, den Folgen einer Verfahrenseinstellung nach dieser Ziffer 4 nachzuforschen.

Insbesondere, wenn man nach den Kostenfolgen forscht, kommt man dahinter, warum es diese Ziffer 4 – die sich ja wirklich etwas eigenartig liest – wahrscheinlich überhaupt gibt. Zu dieser Kostenfolge ein Blick in den einschlägigen Art. 38 BayDG:

Art. 38 Kostentragungspflicht

(1) [1]Wird eine Disziplinarmaßnahme verhängt, können dem Beamten oder der Beamtin die entstandenen Auslagen ganz oder teilweise auferlegt werden. [2] …
(2) [1]Wird das Disziplinarverfahren eingestellt, trägt der Dienstherr die entstandenen Auslagen. [2]Erfolgt die Einstellung trotz Vorliegens eines Dienstvergehens, können die Auslagen dem Beamten oder der Beamtin auferlegt oder im Verhältnis geteilt werden.
(3) [1]Soweit der Dienstherr die entstandenen Auslagen trägt, hat er dem Beamten oder der Beamtin auch die Aufwendungen zu erstatten, die zur zweckentsprechenden Rechtsverfolgung notwendig waren. [2]Hat sich der Beamte oder die Beamtin eines oder einer Bevollmächtigten oder Beistands bedient, sind auch diese Gebühren oder Auslagen erstattungsfähig. [3]Aufwendungen, die durch das Verschulden des Beamten oder der Beamtin entstanden sind, hat dieser oder diese selbst zu tragen; das Verschulden eines Vertreters ist ihm oder ihr zuzurechnen.
(4) Das behördliche Disziplinarverfahren ist gebührenfrei.

Das Verfahren selbst ist „kostenlos“ und die Auslagen (Portokosten) sind nicht dramatisch. Entscheidend ist der Grundsatz, dass der Dienstherr normalerweise nicht nur die Auslagen, sondern auch die Kosten tragen muss, die der Beamte zu seiner Vertretung im Verfahren, also für seine

Anwälte, aufwenden musste. Und dieser Aufwand kann erheblich sein, so war es auch in meinem Fall.

Um sicher zu gehen, die Kosten für meine Rechtsvertretung nicht der öffentlichen Hand aufbürden zu müssen, hätte man das Verfahren auch nach der Nr. 2 einstellen können. Ein Dienstvergehen mit einer daraufhin zu verhängenden Disziplinarmaßnahme, das man dafür gebraucht hätte, hat man mir aber trotz langatmiger Versuche letztlich nicht anhängen können/wollen. Vielleicht wollte man auch das Risiko nicht eingehen, das damit verbunden war, dass ich mich dagegen hätte wehren können. Zuständig dafür wäre das Verwaltungsgericht Regensburg gewesen und wie dort entschieden worden wäre, das wollte die Landesanwaltschaft wohl gar nicht erst rausfinden. Man ging – zutreffenderweise – wohl davon aus, dass ich mich gegen eine Disziplinarmaßnahme wehren würde. Das wollte man wohl vermeiden.

Um dann nicht nach Art. 33 Abs. 1 Nr. 1 einstellen zu müssen, was automatisch dem Dienstherrn meine Verteidigerkosten aufgebürdet hätte, griff man zur kryptischen Nr. 4 des Art. 33 Abs. 1 BayDG. Damit habe ich zwar amtlich, dass entweder das Disziplinarverfahren oder eine Disziplinarmaßnahme oder sogar beides unzulässig war, aber den Aufwand für meine Verteidigung bekomme ich nicht ersetzt.

Natürlich meint die Disziplinarbehörde die Unzulässigkeit so: Gegen Ruhestandsbeamte sind nur die beiden Disziplinarmaßnahmen „Reduzierung der Ruhestandsbezüge“ und „Aberkennung der Ruhestandsbezüge“ möglich – in beiden Fällen braucht es schwere bis ganz schwere Dienstvergehen, die man mir nicht anhängen konnte. Weil es keine anderen Maßnahmen gibt, war also keine Maßnahme zulässig. So kann man mit der Rechtssprache auch umgehen.

Die Disziplinarbehörde hat in ihren Schriftsätzen manche rechtlich bedenkliche und angreifbare Thesen aufgestellt, aber sie hat auch eines richtig gemacht: Sie hat richtig kalkuliert, dass ich mit der Verfahrenseinstellung nach Art. 33 Abs. (1) Nr. 4 gut leben kann und keine Lust verspürte, nach 4 Jahren Disziplinarverfahren vor dem Verwaltungsgericht in öffentlicher Sitzung um Worte und Begriffe zu streiten. Um dem Ganzen die Krone aufzusetzen, ist die Landesanwaltschaft nicht davor zurückgeschreckt, für ihre sehr exotische Interpretation der Anmeldepflicht eines Ruhestandsbeamten für seine Erwerbstätigkeit ein Urteil des BGH von 1983 (!) heranzuziehen und die ganze neuere Rechtsprechung und Rechtsdiskussion beiseite zu lassen. In der Tat hat der BGH in zwei Entscheidungen aus dem Jahr 2007 und 2011 seine Haltung aus 1983 deutlich modifiziert.

Es wäre sicher interessant, einmal der Frage nachzugehen, ob der erhebliche personelle Aufwand, der von der Landesanwaltschaft betrieben wurde, um zu einem Ergebnis zu kommen, bei dem ich meine Anwaltskosten für das Disziplinarverfahren selbst tragen musste, für den Steuerzahler nicht deutlich teurer war, als wenn man zu einem frühen Zeitpunkt, als klar war, dass in meiner Dienstzeit kein dienstliches Fehlverhalten passiert ist und meine Anwaltskosten noch niedrig waren, das Verfahren einfach eingestellt hätte.

„Woher stammt nur der Aberglaube,
dass die Wahrheit sich selber Bahn breche?"

Ernst Bloch, dt. Philosoph

UNGEMACH UND ENTSCHÄDIGUNG

Seit ich denken kann, habe ich aus tiefer Überzeugung die immer mal wieder gehörte Behauptung energisch von mir gewiesen, dass man in Deutschland nur zu seinem Recht kommen könne, wenn man wohlhabend sei und es sich leisten könne, seine rechtlichen Ansprüche mit finanzieller Kraft durchsetzen zu können. Niemand wird bestreiten, dass selbst der beste Rechtsstaat nichts wert ist, wenn der Bürger das ihm zustehende Recht nicht auch durchsetzen oder erstreiten kann, selbst wenn er nicht zu den finanziell „Bessergestellten" in unserer Gesellschaft gehört.

Nun hat bei mir diese fundamentale Überzeugung recht heftig gelitten, es sind nur Rudimente davon übrig geblieben. Ich habe nicht nur die Erfahrung gemacht, dass im deutschen System der Strafverfolgung so fehlerhaft gearbeitet wird, dass in diesem Bereich unserer staatlichen Ordnung von einem gut funktionierenden Rechtsstaat nicht mehr gesprochen werden kann. Ich kann mir mit meinen Erfahrungen aus mehr als drei Jahren, um mein Recht zu kämpfen, heute statt meiner früheren Überzeugung (siehe oben) nur noch die Frage vorlegen: Wie wohlhabend muss man sein und wie viel Geld muss man verfügbar haben, um sich gegen fehlerbehaftete Arbeit der Strafverfolgungsbehörden zu wehren?

Ich musste dafür einen höheren fünfstelligen Eurobetrag aufwenden. Natürlich kann man im Nachhinein immer trefflich darüber räsonieren, ob es auch anders gegangen wäre. Das hilft einem aber nicht, wenn man am Anfang oder mitten in einer Serie von Vorhaltungen steckt, die einem mit ihrer teilweisen Absurdität, verbunden mit der Massivität, mit der sie vorgetragen werden, den Glauben an eine Aufklärung durch eine einfache, rasche, vernünftige, sachliche Diskussion schlichtweg rauben. Und eindeutig ist jedenfalls die Erkenntnis: Das bloße Vertrauen darauf, dass das Recht auch ohne sachkundige Verteidigung seinen Weg gefunden hätte, ist enttäuscht worden.

Meine eigene Arbeitszeit ist bei dem vorgenannten Betrag natürlich nicht mitgerechnet. Die Stunden, Tage, ja Wochen, die ich mit der Nachvollziehung der damaligen Vorgänge, der Recherche nach Rechtsvorschriften und prozessualen Regeln und der Aufbereitung der Sachverhalte für meine Anwältin verbracht habe, sind nicht dokumentiert. Ich verbuche sie ohnehin positiv für mich als Lernzeit über die tatsächliche Struktur unseres Rechtsstaats und als lohnende Zeit, für meinen guten Ruf und meinen Frieden mit mir und der Welt erfolgreich gekämpft zu haben.

Genau betrachtet sind die wirtschaftlichen Folgen der Nachstellungen der Strafverfolgungsbehörden noch deutlich höher als meine Aufwendungen für meine Rechtsvertretung. Ich habe nach dem Ende meiner aktiven Beamtendienstzeit als Oberbürgermeister eine freiberufliche Tätigkeit im Rahmen mehrerer Beratungsmandate begonnen, die – das füge ich gerne ein – auch finanziell attraktiv waren. Ich musste nicht mehr so viel arbeiten wie zu meiner Dienstzeit, konnte mich weiter mit interessanten Aufgaben beschäftigen und konnte meinen Auftraggebern helfen.

Natürlich will niemand ein Beratungsmandat mit jemand aufrechterhalten, dem die Strafverfolgungsbehörden mit erheblicher öffentlicher Resonanz Korruptionsstraftaten vorwerfen. Folglich liefen alle diese Beratungsaufgaben nach den ersten Presseberichten über die Ermittlungen der Strafverfolgungsbehörden relativ rasch aus. Das war sogar auch in meinem Sinne; ich wollte den Kopf freihaben für andere Gedanken. Die nüchterne Feststellung aber ist: Die Strafverfolgungsmaßnahmen bewirken in einem solchen Fall eine massive Geschäftsschädigung.

Nun wird mancher einwenden: Das ist halt so, das muss man eben aushalten. Nicht so falsch gedacht, sonst könnte ja in einem Rechtsstaat keiner verfolgt werden, obwohl er eine Straftat begangen hat. Wenn man aber – was sich ja erst später herausstellt – keine Straftat begangen hat, sieht es schon anders aus. Die Geschäftsschädigung bleibt, sie wird nicht nachträglich aufgehoben oder ungeschehen gemacht. Der Staat entschädigt einen nicht nachträglich für den materiellen Schaden, den die Strafverfolgung angerichtet hat. Nicht einmal für den materiellen Schaden, den die Strafverfolgungsbehörden durch fehlerhafte Arbeit angerichtet haben.

Nicht zu vergessen: Die Geschäftsschädigung ist schon schlimm, die Rufschädigung, die man in einer solchen Situation erleidet, ist natürlich schlimmer! Und dafür gibt es ebenso wenig eine Entschädigung. Die materiellen Aspekte verblassen mit der Zeit, aber der ideelle Schaden, der bleibt. Die Etiketten, die einem während solcher Verfahren „angeheftet" werden, wird man nicht mehr los. Wie wäre es, wenn der Staat in einem solchen Fall verpflichtet wäre, auf jede Pressemeldung, in der ein Name fälschlich und/oder unbegründet mit einer Straftat in Verbindung gebracht wird, mit einer aktiven Gegendarstellung zu reagieren? Wäre das nicht einfach recht und billig? Und mehr noch: Würden die Strafverfolgungsbehörden dann nicht sehr viel vorsichtiger werden mit unbegründeten Verdachtsmomenten, bei denen man einfach mal ermittelt und durchsucht im Vertrauen darauf, dass sich irgendetwas schon finden lassen wird? Zumal genau das eigentlich nicht das ist, was sich unsere Strafprozessordnung so vorstellt.

Zu einer fairen Darstellung dessen, was mich die Verteidigung meiner Interessen letztlich gekostet hat, gehört auch die Information darüber, dass mir der Staat einen bemerkenswerten Anteil meiner Aufwendungen erstatten musste.

Daran denkt man anfangs ja gar nicht. Und selbst wenn man in seinem Berufsleben viel mit öffentlichem Recht und Beamtenrecht zu tun hatte, kommt man eher nicht drauf, welche Rechtsvorschriften es da gibt. Aber da hilft manchmal eben ein glücklicher Zufall.

Das ging so: In einer Runde mit Freunden wurde ich über den Stand meiner Ermittlungsverfahren gefragt. Ich berichtete über die erfreuliche Einstellung gemäß § 170 Abs. 2 StPO des Verfahrens Nibelungenkaserne/BTT, das meine Amtsführung als Oberbürgermeister betroffen hatte, und erzählte auch über den Aufwand, den man betreiben muss, um sich seiner Haut zu wehren.

Plötzlich fragte einer der Freunde: „Ja, kennst Du nicht den Jäger-Fall?" Auf mein verdutztes „Nein" erzählte er mir von einem Fall, in dem ein Oberpfälzer Bürgermeister sich nach einem erfolgreich mit Freispruch absolvierten Strafverfahren einen erklecklichen Teil der Aufwendungen für seine Strafverteidigung von seiner Gemeinde zurückgeholt hat. (Die Gemeinde ist beamtenrechtlich der Dienstherr des Bürgermeisters.) Natürlich recherchierte ich sofort und stieß auf das Urteil des Verwaltungsgerichts Regensburg vom 11. März 2009, in dem dieser Fall entschieden wurde.

Der Anspruch auf Erstattung eines ansehnlichen Anteils der aufgewendeten Kosten geht zurück auf die umfassende Fürsorgepflicht des Dienstherrn für seine Beamten und ist für alle Beamten, für die bayerisches Dienstrecht gilt, geregelt in der Verwaltungsvorschrift zum Beamtenrecht „Rechtsschutz für Bedienstete des Freistaats Bayern." Sie gilt selbstredend nur für solche Verfahren, in denen der Beamte vor Gericht freigesprochen wurde oder ein Ermittlungsverfahren gemäß § 170 Abs. 2 StPO eingestellt wurde, d. h. dass die Verdachte und Beschuldigungen, denen der Beamte im strafrechtlichen Verfahren ausgesetzt war, nicht mehr fortbestehen.

Endlich mal was Erfreuliches in dieser sonst nicht so lustigen Zeit. Nach sorgfältiger Lektüre aller Regeln dieser Vorschrift und aller Fundstellen dazu (das Internet ist ein Segen!) stellte ich fest, dass ich einen Anspruch darauf hatte, einen Großteil meiner Aufwendungen für dieses Verfahren (Nibelungenkaserne/BTT) wiederzubekommen.

Aus dem „Jäger-Fall" und der Literatur zu den Rechtsvorschriften konnte ich entnehmen, dass diese Kostenerstattung meist nicht ohne erheblichen Argumentationsaufwand und ohne langwierige Diskussionen abgeht: Weil ich meinen ehemaligen Mitarbeiterinnen und Mitarbeitern in der Stadtverwaltung nicht zumuten wollte, diese Diskussionen mit ihrem früheren Chef persönlich zu führen, beauftragte ich auch für dieses Antragsverfahren einen Anwalt, der im November 2019 den Antrag auf Erstattung von 70% meiner Anwaltskosten für das zu diesem Zeitpunkt bereits eingestellte Ermittlungsverfahren stellte. Ein halbes Jahr später wurde der Antrag um die Kostenerstattung für einen zweiten Fall (Feuerbachweg) erweitert, in dem es ebenfalls um den korrekten Vollzug meiner dienstlichen Aufgaben als Oberbürgermeister ging. Nach mehr als einem Jahr nach der ersten Antragstellung teilte die Stadt Regensburg mit, dass der für die Entscheidung zuständige Stadtrat den Anträgen meines Anwalts in vollem Umfang entsprochen habe.

Eine gewisse Genugtuung konnte ich darüber hinaus noch erzielen. Nachdem alle Ermittlungsverfahren meine freiberufliche Tätigkeit betrafen, waren natürlich alle nicht anderweitig (durch die Stadt Regensburg) erstatteten Aufwendungen Kosten, die mit meiner Einnahmenerzielung zu tun hatten. Wenn man seine Einnahmen bis auf den letzten Cent ordentlich versteuert, muss der Fiskus natürlich auch alle Aufwendungen, die zur Einnahmenerzielung gehören, als Betriebskostenabzug anerkennen. Auf diese Weise konnte ich den verbleibenden Teil der Aufwendungen für meine Rechtsvertretung zumindest steuersenkend geltend machen.

Aber der Staat ist trotzdem gnadenlos in dem Versuch, das möglichst nur nach erbittertem Widerstand herauszugeben, was dem Steuerbürger eigentlich zusteht. Das „normale" Steuerrecht ist insoweit noch viel gnadenloser als das Strafrecht.

Das kann sich manchmal regelrecht skurril auswirken: Als Freiberufler ist man umsatzsteuerpflichtig. Die vereinnahmte Umsatzsteuer aus den Umsatzeinnahmen führt man ans Finanzamt ab, dafür kann man die Umsatzsteuer aus den bezogenen Leistungen als Vorsteuer abziehen, also verrechnen. Das gilt natürlich nur für solche bezogenen Vorleistungen, die mit den unternehmerischen Interessen in Zusammenhang stehen. So weit, so einfach.

Der Staat kann aber scheinbar der Versuchung nicht widerstehen, zu tüfteln, wie er den Vorsteuerabzug möglichst verhindern und damit die staatlichen Umsatzsteuererlöse optimieren kann. Deswegen kommt er auf die zunächst gar nicht abwegige Idee, genau nachzufragen, ob eine bezogene Vorleistung wirklich im unternehmerischen Interesse ist. Im Unterschied zu Kapitalgesellschaften hat man es da als Freiberufler merkbar schwerer. Man muss sich beim Vorsteuerabzug von Rechtsanwaltshonoraren eines Strafverteidigers vom Finanzamt die Behauptung gefallen lassen, dass es bei dieser bezogenen Beratungsleistung ja gar nicht um die Sicherung von Umsatzeinnahmen geht.

Bei dieser Abwägung sieht das Finanzamt dann im Interesse des Fiskus, der bekanntlich ein sehr einnehmendes Wesen hat, schon mal „großzügig" über die klar zu erkennende Tatsache hinweg, dass es einen zwingenden Zusammenhang zwischen der abgerechneten Leistung aus dem Beratungsmandat und der Tätigkeit des Anwalts gibt, der mit seiner Leistung entscheidend dafür gebraucht wird, sicherzustellen, dass man die abgerechnete Leistung aus dem Beratungsmandat ordnungsgemäß anerkannt bekommt.

In meinem Fall hat das Finanzamt Regensburg in Zusammenhang mit den Ermittlungen wegen eines Beratungsmandats teilweise den Vorsteuerabzug von Rechtsanwaltshonoraren abgelehnt. Der Bescheid erging am 14. Juli 2021; zur Begründung hatte man eine Entscheidung des Bundesfinanzhofs, letztlich aber eine schon auf den ersten Blick nicht einschlägige Entscheidung des Europäischen Gerichtshofs für Menschenrechte(!) herangezogen.

Für die Entscheidung über meinen am 23. Juli 2021 beim Finanzamt Regensburg eingegangenen Einspruch hat das Amt ziemlich genau 2 Jahre gebraucht. Man hat meinem Einspruch aber wenigstens in vollem Umfang stattgegeben. Interessanterweise hat man sich bei der Entscheidung auch auf alle nach § 170 Abs. 2 eingestellten Ermittlungsverfahren bezogen – ein Aspekt, der bei der Ausgangsentscheidung am 14. Juli 2021 lange bekannt war. Auch die „amtliche Feststellung" der Staatsanwaltschaft im Steuerstrafverfahren, dass meine Einkünfte steuerlich korrekt deklariert worden sind, war 2021 nicht neu.

Man kann demnach nur vermuten, dass man sich auch hier einfach schwer getan hat, von einem einmal eingenommenen Standpunkt runter zu kommen, auch wenn von vornherein klar gewesen sein musste, dass er nicht haltbar war.

„Zeitungsredaktionen sind Abschreibungsbetriebe."

Prof. Ferdinand Simoneit

SENSATION MUSS SEIN?

Man sollte schon Verständnis haben für die Journalisten, die sich verantwortlich dafür fühlen, korrekt und ausgewogen zu berichten. Sie leiden ebenso wie die meisten Mediennutzer darunter, dass die Presse zu einem maßgeblichen Teil sensationsgierig und boulevardesk ausgerichtet ist. Es wäre sicher zuviel der Ehre für diesen letzteren Teil der Medien, wenn man die zahlreichen Publikationen, die es in meiner Sache gegeben hat, nochmals dezidiert betrachten und analysieren würde. Vielleicht geschieht das ja einmal in einem Proseminar eines Journalistenstudiengangs – es wäre ein produktives und vor allem sehr lehrreiches Unterfangen! Es setzte aber voraus, dass es im gesamten Journalismus der Zukunft wieder mehr um Wahrheit und Inhalte ginge und nicht mehr nur um Klicks und Quote.

Der Urheber des obigen Zitats war immerhin Spiegelreporter und später Leiter der Georg von Holzbrinck-Journalistenschule. Und wie Gabor Steingart (ThePioneer Briefing) ihn interpretiert,

> *„meinte er damit nicht die steuerlichen Aspekte des Mediengeschäfts, sondern den zu allen Zeiten ausgeprägten Herdentrieb der Journalisten. Einer schreibt ab, was der andere schon nicht selbst gedacht hat. Verstärkt wird das Ganze noch durch die Lobkartelle der Feuilletonisten und die Hassbrigaden der politischen Journalisten, sodass am Ende die Wirklichkeit nur noch als Knetmasse dient für das, was Joseph Beuys die „soziale Plastik" nannte.*
>
> *Diese Wirklichkeit eigener Art – und damit sind wir beim Journalismus der Gegenwart – wird im Zeitalter der Massenpro-*

duktion oft tausendfach dupliziert und millionenfach multipliziert. Der eine Kommentar ist das Derivat des anderen. Auch mediale Meinungen sind mittlerweile Hebelprodukte."

In diesem Überbietungswettbewerb ist es dann schon nur noch skurril, zu welchen Äußerungen manche – nicht alle – Journalisten (oder jedenfalls Personen, die sich dafür halten) fähig sind.
Einige Beispiele:

- In einem Anzeigenblatt erscheint am 25. Januar 2017 ein Artikel mit der Überschrift „Hans Schaidingers Hang zum Luxusleben". Im Artikel geht es um ganz andere Themen, es findet sich nicht der geringste Bezug zur Schlagzeile.
- Im gleichen Blatt erscheint in einem Artikel die „Information", wonach meine Familie einen Porsche in München untergestellt hätte, damit das Fahrzeug in Regensburg nicht bemerkt werden kann. Diese Behauptung ist frei erfunden. Man sieht, was in der Presse alles passiert, wenn das Kesseltreiben gegen eine Person en vogue ist.
- Am 8. Februar 2017 erscheint in der lokalen Tageszeitung eine ganzseitige Grafik „Wer baute wo in Regensburg?", um das mögliche Ausmaß der Beziehungen städtischer Repräsentanten zu Bauträgern zu illustrieren. Ein in den Ermittlungen zur sogenannten „Korruptionsaffäre" auftauchendes Gebiet Rennplatz-Nord wird dort so dargestellt, als hätte der Bauträger das Gebiet von der Stadt erworben. In Wirklichkeit hatte er das Gebiet von der Siemens real estate, der Grundstücksgesellschaft des Siemenskonzerns gekauft! Zufall? Nein – ein schöner Beleg, was in den Medien alles geschrieben wird, um die Artikel alle in eine Richtung münden zu lassen.
- Nach der zweiten Hausdurchsuchung bei mir am 10. Januar 2018 gewinnen die Spekulationen weitere Eigendynamik. In einer Reihe von Medien gibt es – erkennbar schreibt

einer vom anderen ab – komplett falsche Vermutungen über einen möglichen Zusammenhang mit einem Bauträger; der hatte mit meiner Hausdurchsuchung aber gar nichts zu tun. Schön nachzuverfolgen: Ein Web-Blogger phantasiert sich eine Fake-Story zusammen, alle bis hin zur Qualitätspresse springen drauf.

- Dazu passt dann auch, dass in den Tagen danach – ich war verreist – ein Reporter des Bayerischen Rundfunks verstohlen mein Wohnhaus filmt. Von einer aufmerksamen Nachbarin darauf angesprochen, was er hier vorhabe, dreht er sich wortlos um und geht weg. Er wollte wohl unidentifizierbar bleiben, hatte aber einen BR-Aufkleber auf der Kamera. Verhalten sich so Qualitätsmedien?
- Die Falschinformationen und der Fortgang des Wolbergs-Prozesses lassen einige Medienmenschen restlos durchdrehen. Insbesondere diejenigen, die während meiner Amtszeit nicht für eine gewogene Berichterstattung von mir hofiert wurden – ich habe das grundsätzlich nicht gemacht, auch wenn es häufig erwartet wurde – sehen die Chance gekommen, mir meine Distanziertheit „heimzuzahlen". Ob in regensburg-digital, im Regensburger Wochenblatt oder in der Bayerischen Staatszeitung, um nur einige herauszugreifen, ergehen sich Journalisten in wilden Mythen über ein „System Regensburg", in dem schon seit Jahren bis Jahrzehnten bei Immobilienprojekten und Baugebietsentwicklungen in Regensburg alles kriminell zugegangen sein soll. Nichts davon ist wahr, keiner der Vorwürfe hatte Bestand. Bis auf die haltlosen Vorwürfe in den Zeitungen, die heute noch im Internet zu finden sind und unwiderrufen bleiben.

Ich möchte den Leser nicht mit umfangreichen Wiedergaben langweilen. Aber einige Teilaspekte dieses Themas sind es schon wert, sich damit zu befassen.

Bemerkenswert: auch Medien mit hohem Qualitätsanspruch (z. B. FAZ, SZ und öffentlich-rechtliche Rundfunkanstalten) haben einseitig und unter Verzicht auf wahrheitsgemäße und ausgewogene Berichterstattung berichtet.

Dazu passt dann fast schon wieder, dass nach der Einstellung der zwei Ermittlungsverfahren, die überwiegend die Aufmerksamkeit der Presse gefunden haben, auch recht unterschiedlich über diese Einstellungen berichtet wurde. Ich habe dazu jeweils der dpa eine ausführliche Information und Bewertung übermittelt, die für die Medien von der dpa auch im Original verfügbar war und an die Medien verteilt wurde. Nur die lokale Tageszeitung hat sowohl die Information als auch mein Statement relativ ausführlich wiedergegeben. Die meisten Medien fanden das Thema plötzlich nicht mehr interessant genug, sich ausführlicher damit zu beschäftigen. Die von mir sonst sehr geschätzte und gelesene FAZ hat sich nach mehreren Berichten über die Ermittlungen in den Jahren davor plötzlich für das für mich sehr positive Endergebnis überhaupt nicht mehr interessiert. Wäre es nicht Journalistenpflicht, zumindest Menschenpflicht, durch vorherige Verdachtsberichterstattung zerstörtes, mindestens erheblich beeinträchtigtes Ansehen zumindest im Rahmen der Möglichkeiten wieder herzustellen?

Wie man sich in so einer Situation fühlt, kann der Leser vielleicht anhand des Ablaufs des sogenannten Leipziger „Ofarim-Verfahrens“ ermessen. Der Rezeptionist eines Leipziger Hotels wurde aufgrund einer Behauptung des Musikers Gil Ofarim, die dieser erst zwei Jahre später als gelogen zugab, zwei Jahre lang von einer breiten Öffentlichkeit mit Beschuldigungen und Vorverurteilungen überzogen. Nachdem sich seine Unschuld herausgestellt hatte, hörte man nichts über Entschuldigungen oder Eingeständnisse von Ermittlungsbehörden und Presse.

Wie sich solche sehr einseitigen Darstellungen auswirken, wissen wir alle. Wie weit so etwas geht, erzählt mir ein Regensburger anhand eines Erlebnisses aus einem Governance-Seminar in Norddeutschland, weit weg von Regensburg. Dort wird in einem Seminarvortrag plötzlich eine Präsentationsfolie gezeigt, auf der mein Amtsnachfolger und ich mit Foto nebeneinander als Beispiele für Korruption gezeigt werden. Nach dem Referat geht mein Bekannter auf den Referenten zu und fragt ihn, ob er denn die von ihm transportierte Bewertung über die gezeigten Personen nicht nachgeprüft habe. Immerhin sei zwar einer der Gezeigten rechtskräftig verurteilt (allerdings damals nicht wegen Bestechungsdelikten!), aber der andere aufgrund der gemäß § 170 Abs. 2 StPO eingestellten Ermittlungsverfahren von ausnahmslos allen Beschuldigungen befreit. Daraufhin erklärt der Referent, davon sei ihm nichts bekannt, er sei aufgrund der Presseinformationen davon ausgegangen, dass der Korruptionsvorwurf gegen beide Personen gerechtfertigt sei. Mein Bekannter lässt nicht locker und bekommt wenigstens einige Tage später auf Nachfrage die Bestätigung, dass mein Name und Bild aus der Präsentationsfolie entfernt worden sei. Was wäre noch heute der Stand, wenn mein Bekannter nicht so engagiert und hartnäckig gewesen wäre?

„Diskretion ist Ehrensache.
Wer wundert sich da über die vielen Indiskretionen?"

Wolfgang Eschker, dt. Aphoristiker

Man macht in einem Ermittlungsverfahren laufend neue – manchmal sogar interessante – Erfahrungen. Darunter die Erkenntnis, dass es wundersame Wege geben muss, wie Informationen aus solchen Verfahren in die Öffentlichkeit kommen, bevor man sie selbst hat.

Da gibt es ganz markante Fälle, etwa den des ehemaligen Postvorstands Klaus Zumwinkel, dessen Hausdurchsuchung im Jahr 2008 offenbar so breit gestreut vorab verbreitet wurde, dass eine ganze Armada von Presseleuten beim Eintreffen der Ermittler vor dem Privatanwesen Zumwinkels schon auf das ganze Personal gewartet hat. Wenn in Frankfurt ein Hubschrauber über den Bankhochhäusern schwebt, ist damit zu rechnen, dass kurzfristig wieder eine große Durchsuchung ansteht. Auch wenn man sich mittlerweile an das, was damals noch als aufsehenerregend empfunden wurde, gewöhnt hat; es gibt doch immer wieder eine neue, gesteigerte Qualität.

Im Dezember 2022 stellt sich heraus, dass die Absicht der Strafverfolgungsbehörden, in der Reichsbürgerszene wegen vermuteter Putschabsichten eine große Durchsuchungsaktion durchzuführen, in den Tagen vorab schon auf breiter Front in der Presseszene bekannt ist. Die Tatsache, dass man die durchgestochene Information mit einer Sperrfrist versehen hat, ändert an der unkorrekten Herausgabe eines Dienstgeheimnisses gar nichts. Der Informationsvorlauf soll teilweise bis zu zwei Wochen betragen haben. Es wirkt, als wolle die unabhängige Strafjustiz, die nur dem Gesetz verpflichtet ist, die Medien als Botschafter ihrer Effizienz nutzen, was den Betroffenen des Ermittlungsverfahrens notwendigerweise zum Mittel dieses staatlichen Ziels macht. Der Bürger darf aber – egal welche Qualität die ihm vorgeworfenen Straftaten haben – niemals zum Objekt staatlichen Handelns werden.

Ermittlungsaktionen genauso wie Ermittlungsergebnisse sind schlicht und ergreifend Dienstgeheimnisse der entsprechenden Behörden. Nur wenn sie das nicht wären, könnte man sie bekanntgeben. In allen Behörden gibt es klare Regeln über den Umgang mit Dienstgeheimnissen, die unzulässige Bekanntgabe eines dienstlichen Sachverhalts ist ein Dienstvergehen.

Insofern wundert man sich als Betroffener schon, welche – manchmal zutreffenden, manchmal auch falschen, manchmal sinnentstellend reduzierten „Fakten“ aus dem Verfahren, dem man ausgesetzt ist, in den Medien auftauchen. Und man fragt sich natürlich auch, wie diese Informationen an die Presse gelangen können. Die Antwort ist recht einfach: Es handelt sich wohl nicht um versehentliche Weitergabe, es handelt sich auch nicht um das Eindringen von Journalisten in Diensträume, um dort Akten zu filzen. Es handelt sich fast immer um Durchstechereien. Der Verrat von dienstlich vertraulich zu behandelnden Informationen ist ja mittlerweile generell weit verbreitet. Aber es ist halt doch ein Unterschied, ob es sich dabei um einen Gesetzentwurf handelt, der einen Tag vor der öffentlichen Vorstellung an einen Journalisten übermittelt wird, oder um Informationen, die ganz persönliche Verhältnisse einer Person betreffen. Ob es sich um bedauerliche Übergriffe minderbezahlter Justizangestellter handelt oder vielleicht doch (oder auch?) um den Versuch der Verantwortlichen, medial Aktivität zu zeigen und die veröffentlichte Meinung zu eigenen Zwecken zu nutzen? Und wäre es so: Dürfte das der Staat?

Diese rechtswidrigen Handlungen sind natürlich fast nicht einzudämmen; ein regelrechtes Interessenskartell schützt davor. Der Verräter will sich lieb Kind bei den Medien machen und durch die Informationen vielleicht auch Verfahrensziele erreichen. Der Empfänger der Information hat auch nicht das mindeste Interesse daran, das kriminelle Verhalten der Informanten zu kritisieren. Man würde sich ja eines wichtigen Informationskanals berauben. Selbst das relativ neue Geschäftsgeheimnisgesetz ist an dieser Stelle (bewusst) eine Schimäre: Der Journalist darf Informationen, die er aus rechtswidriger Durchstecherei erhält, bedenkenlos veröffentlichen. Und der Täter genießt Quellenschutz. Zufall, dass dieser Weg der „staatlichen Öffentlichkeitsarbeit" von der Strafbarkeit ausgenommen bleibt?

Nur Vorgesetzte und Aufsichtsbehörden könnten diese rechtswidrigen Praktiken bekämpfen. Aber man hört nie, dass von dieser Seite etwas unternommen wird. Deswegen ist es auch fast unmöglich, bei der Kritik dieser Verhältnisse einen konkreten Verdacht zu benennen.

Außer die Stelle, in der die Durchstecherei „passiert", verrät sich selbst! Und so ist das abgelaufen:

Ich erhalte im August 2019 einen Anruf aus der Kanzlei meiner Anwältin, ob man mir etwas Dringliches per Telefax übermitteln könne. Auf meine Rückfrage, worum es denn gehe, informiert man mich, dass am Vortag die Verfügung der Staatsanwaltschaft Regensburg über die Einstellung des Ermittlungsverfahrens gegen mich in Sachen Nibelungenkaserne eingegangen sei, die man mir eigentlich in Abdruck per Post übermitteln wolle. Nachdem ich mich natürlich zuerst einmal unbändig über diese Nachricht gefreut habe, frage ich interessiert nach, warum es denn jetzt so schnell gehen solle. Darauf erzählt man mir, dass die Staatsanwaltschaft angerufen und sich erkundigt habe, ob ich diese Information von meiner Anwaltskanzlei schon erhalten hätte. Man möchte nämlich nicht, dass ich diese Information über die Medien bekäme und „... man würde von den Medien schon zeitlich unter Druck gesetzt!"

Nachdem in dieser Sache seit Monaten nichts Neues mehr passiert war und die Medien deswegen über dieses Verfahren auch nicht mehr berichtet hatten, ist es schlicht nicht vorstellbar, dass die Medien – wenn sie gar nicht wissen können, dass es etwas Neues gibt – die Staatsanwaltschaft zeitlich unter Druck setzen. Das kann nur dann der Fall sein, wenn einzelne Medien etwas Aktuelles wissen und Sorge haben, ein anderes Medium könnte ihnen mit einer interessanten Nachricht zuvorkommen. Man darf deshalb stark vermuten, dass – nachdem das Durchstechen an dieser Stelle jedenfalls keinen „Verfahrenszwecken" gedient haben kann – sich jemand interessant machen wollte und diese Information über die Verfahrenseinstellung durchgestochen hat, bevor sie überhaupt an meine Anwältin ausgelaufen ist.

„Wir leben in einem System,
in dem man entweder Rad sein muss
oder unter die Räder gerät."

Friedrich Nietzsche, dt. Philosoph

EPILOG

Wenn man einen größeren Teil seines (Berufs-)Lebens in der Politik zubringt, lernt man zwangsläufig, dass viele Menschen „normale" zivilisierte Verhaltensweisen verlassen, um im harten politischen Geschäft Erfolg zu haben. Dazu gehört auch, dass man nicht nur sich selbst besonders positiv in Position bringt, sondern andere auch dezidiert negativ. Deswegen sind im politischen Geschäft auch Vorverurteilungen nicht die geschmähte Ausnahme, sondern die gern praktizierte Regel. So auch in meinem Fall.

Als die Ermittlungen gegen mich zu Beginn des Jahres 2017 bekannt wurden, gab es nur Vermutungen und Gerüchte, keine gesicherten Fakten. Das hat insbesondere eigene „Parteifreunde" nicht davon abgehalten, über mir rasch den Stab zu brechen. Angefangen beim Parteivorsitzenden, der von mir sofort Aufklärung und Konsequenzen gefordert hat. Abgesehen davon, dass in einem Rechtsstaat die Aufklärungspflicht bei Strafverfolgungsbehörden liegt und nicht beim Beschuldigten – wie hätte ich damals die Fehler der Strafverfolgungsbehörden so schnell aufklären sollen?

Der CSU-OB-Kandidat von 2014 griff gleich zu der geradezu abenteuerlichen These, ich hätte mit dem SPD-Kandidaten Wolbergs die Vergabe der Nibelungenkaserne deswegen abgesprochen, um ihm entscheidend im Wahlkampf zu schaden; die Sache kam ihm offenbar gelegen, um seine bis dahin offenbar immer noch nicht bewältigte Wahlniederlage jemand anderem in die Schuhe zu schieben. Meine freiberufliche Tätigkeit im Ruhestand wurde als moralisch verwerflich bezeichnet und auch die Rückgabe der Ehrenbürgerwürde wurde da gleich gefordert. Wohlgemerkt zu einem Zeitpunkt, als es in dieser Sache überhaupt noch keine Aufklärung und schon gar keine Beweise gab. Und der damalige CSU-Kreisvorsitzende (mittlerweile im Zusammenhang mit der Parteispendenaffäre rechtskräftig verurteilt) forderte meinen Parteiaustritt.

Wie man sieht, ist an der manchmal scherzhaft gepflegten Steigerung des Begriffes „Freund“, nämlich: Freund – Feind – Parteifreund schon etwas dran! Dazu passt die traurige Feststellung, dass nach Abschluss der ganzen Sache, also nachdem alle Ermittlungsverfahren mit der Bestätigung einer „weißen Weste“ eingestellt waren, niemand, aber auch niemand die Verdächtigungen und Forderungen, die gegen mich erhoben wurden, zurückgenommen – geschweige denn sich dafür entschuldigt – hat.

Aber wie gesagt – in der Politik lernt man, einiges auszuhalten.

Nicht so leicht auszuhalten ist, mehr als drei Jahre erleben zu müssen, wie staatliche Behörden fehlerhaft arbeiten, deren Arbeit sich massiv auf die Ehre von Staatsbürgern auswirkt, ohne dass der geringste Versuch erkennbar wird, Fehler zu vermeiden, gemachte Fehler zu korrigieren, Schritte zu unternehmen, damit Fehler in der Zukunft nicht mehr gemacht werden, und die Folgen gemachter Fehler, so gut es geht, zu beseitigen.

In diesen drei Jahren ist mir häufig folgender Gedanke durch den Kopf gegangen:

Mit 12 Jahren bekam ich in der 1. Realschulklasse u. a. ein neues Schulfach, das ich aus der Volksschule nicht kannte: Sozialkunde. Ich erinnere mich noch sehr genau, wie mich Themen wie die Gewaltenteilung in einer Demokratie, das Entstehen von Gesetzen und Verordnungen und das Wesen eines Rechtsstaates regelrecht gefangengenommen haben. Seit dieser Zeit war ich ein begeisterter Anhänger unseres staatlichen Systems und seiner Regeln. Und ich war zu 100% überzeugt davon, dass die Bundesrepublik ein vorbildlicher Rechtsstaat sei.

Heute habe ich diese Überzeugung nicht mehr. Nicht generell, aber jedenfalls, was Staatsanwaltschaft und Kriminalpolizei betrifft. Nach dem, was ich erlebt habe, muss ich leider den Ermittlungsbehörden „zutrauen“, massiv und anhaltend fehlerhaft zu arbeiten!

Deswegen habe ich nach der Einstellung der in Presse und Öffentlichkeit intensiv wahrgenommenen und diskutierten Ermittlungsverfahren im April 2020 ein Statement an die Presse gegeben, in dem ich mich u. a. zu diesem Thema ausführlich geäußert habe:

„Damit sind jetzt alle 3 Ermittlungsverfahren eingestellt, die behauptete Zweifel an der Korrektheit meiner Amtsführung als Oberbürgermeister und der Erfüllung aller meiner beamtenrechtlichen Dienstpflichten zum Gegenstand hatten; bei allen 3 Verfahren ist von den behaupteten Vorwürfen nichts, aber auch gar nichts übriggeblieben.

Insgesamt haben die Ermittlungsbehörden über nunmehr dreieinhalb Jahre mit erheblichem Aufwand und unter Produktion einer höheren vierstelligen Zahl an Aktenseiten versucht, ihre Beschuldigungen zu belegen. Diese Zeit war sehr belastend für mich; wenigstens bleibt mir die Genugtuung, dass nunmehr quasi „amtlich“ feststeht, dass es jedenfalls zu meiner Amtszeit als Oberbürgermeister weder im Rathaus, noch in der Verwaltung oder in meiner Mitarbeit in der CSU-Stadtratsfraktion ein Verhalten meinerseits oder gar irgendein „System“ gegeben hat, das Entscheidungen der Verwaltung oder des Stadtrats mit korrupten Handlungen verknüpft hat. Ich kann mit dem Ermittlungsergebnis belegen, dass mein Handeln und meine Entscheidungen kommunalrechtlich, materiell-rechtlich und erst recht strafrechtlich nicht zu beanstanden sind. Sondern absolut sachbezogen und korrekt waren.

Ich habe diese für mich sehr erfreulichen Verfahrenseinstellungen nicht einer souveränen Arbeit der Ermittlungsbehörden zu verdanken. Im Gegenteil: Es mussten eine Reihe von Fehlern, falsche Schlussfolgerungen, Unkenntnis kommunalverfassungsrechtlicher Gegebenheiten, einseitige

Ermittlungsstrategien bei Kriminalpolizei und Staatsanwaltschaft festgestellt, kritisiert und ausgeräumt werden, um zu diesem Ergebnis zu kommen.

Ich danke deshalb ganz besonders meiner Anwältin Dr. Annette von Stetten sehr für ihren Einsatz und ihre hervorragende Arbeit.

Bei der schlichten Feststellung, dass es in diesen Verfahren eine Reihe von Mängeln und Fehlern gegeben hat, kann es jedoch nicht bleiben. In Verfahren, die für den Betroffenen sehr massiv in seine Grundrechte eingreifen und die deshalb sehr hohen rechtsstaatlichen Ansprüchen genügen müssen, darf das nicht sein. Wenn die Strafverfolgungsbehörden und ihre Aufsichtsbehörden [...] diese Mängel nicht kurzfristig von sich aus aufarbeiten, werde ich zu gegebener Zeit alle Fehler und Mängel detailliert öffentlich darlegen. Dies wird wohl schon deshalb erforderlich werden, weil die betroffenen Behörden diese Mängel und Fehler in den eingestellten Verfahren, wenn sie pauschal damit konfrontiert werden, rundweg abstreiten werden."

Trotz der vielen negativen Erfahrungen, die ich mit der Arbeit einer Staatsanwaltschaft und der Kriminalpolizei gemacht habe, gehe ich – da lasse ich mir meine positive Grundhaltung zu unserem Staat immer noch nicht ganz nehmen – davon aus, dass es „solche und solche" Strafverfolgungsbehörden gibt; manche sind wohl überfordert, andere arbeiten sachlich und konsequent. Die Frage, die sich stellt, ist aber: Welche Konsequenzen hat in solchen Behörden fehlerhafte Arbeit? Sicher notwendig sind deutliche Änderungen bei der schon angesprochenen Fehlerkultur.

Wenn über Fehlerkultur gesprochen wird, hat man manchmal den Eindruck, dieses Thema soll möglichst vermieden werden; darüber überhaupt zu reden, gilt schon als Eingeständnis von Schwäche. Dabei ist das Gegenteil richtig. Man betrachte nur mal, wie intensiv man sich in der Ausbildung von Verkehrspiloten mit diesem Thema befasst, bis hin zu der Frage, wie man es mit Hilfe von „Assertiveness", übersetzt mit

„selbstbewusstem Vorgehen", schafft, dass in einem Flugzeugcockpit Fehler nicht vertuscht, sondern unabhängig von der Hierarchie offen – sogar von jemand, der den Fehler selbst begangen hat – angesprochen werden. Nur so können die Fehler rechtzeitig korrigiert werden.

Fehler sind keine Folgen menschlicher Schwäche, sie entstehen nicht aus exotischen, sondern aus ganz vielen „normalen" Verhaltensweisen. Wichtig wäre zum Beispiel, dass Mitarbeiterinnen und Mitarbeiter der Strafverfolgungsbehörden sehr intensiv über das Thema „confirmation bias", auf Deutsch „Bestätigungsfehler", geschult würden.

In Wikipedia findet man dazu: Ein Bestätigungsfehler (auch Bestätigungstendenz oder Bestätigungsverzerrung) ist ein Begriff der Kognitionspsychologie, der die Neigung bezeichnet, Informationen so zu ermitteln, auszuwählen und zu interpretieren, dass diese die eigenen Erwartungen erfüllen (bestätigen). Die erste Theorie zu dieser kognitiven Verzerrung stammt von Peter Wason; er entwickelte in den 1960-er Jahren die Auffassung, dass die Menschen dazu neigen, bestehende Hypothesen zu bestätigen; diese also unabhängig von ihrem Wahrheitsgehalt durch die Auswahl, das Erinnern und das Interpretieren von Informationen eher bestätigt als kritisch betrachtet werden.

Besonders bedeutsam ist dabei, dass nicht nur auf der Sachbearbeiterebene eine angemessene Fehlerkultur etabliert ist, sondern auf allen Hierarchieebenen, dem gesamten „Dienstweg" von der Abteilungs- und Amtsebene über die vorgesetzten Dienststellen bis zur Obersten Dienstbehörde, das sind die jeweiligen Landesministerien.

Bei diesem Thema läuft die Diskussion in Deutschland schon seit längerer Zeit ziemlich schief. Beeinflusst durch eine Rechtsstaatsdiskussion auf EU-Ebene, nach der sichergestellt werden soll, dass Staatsanwaltschaften durch Weisungsungebundenheit gegenüber der ministerialen Ebene davor geschützt werden sollen, „missliebige" Ermittlungen gegen Personen zu unterlassen, die von der ministerialen Ebene „beschützt" werden sollen, unterlassen höhere und oberste Dienstbehörden offenbar in erheblichem Umfang ihre Dienstaufsichtspflichten. Anders wäre es nicht zu verstehen, dass im Bayerischen Landtag das Bayerische Justizministerium im Dezember 2020 auf eine parlamentarische Anfrage erklärt hat, in der „Regensburger Korruptions- und Parteispendenaffäre" keinerlei Weisung an nachgeordnete Dienststellen erteilt zu haben. Dabei wäre nach den umfangreichen und sicher auch ausführlichen Berichten, die nach den Angaben in der Antwort auf die parlamentarische Anfrage auf dem Dienstweg an die Aufsichtsbehörden gegangen sind, nichts dringender gewesen als die Anweisung, offenkundige Fehler abzustellen und ordentlich und korrekt zu arbeiten!

Immerhin: Wenn es zutrifft, was der frühere Dienststellenleiter der Kripo Regensburg über einen leitenden ermittelnden Beamten der Kriminalpolizei in öffentlicher Verhandlung vor dem Landgericht Regensburg gesagt hat: ... ich habe diese Ermittlungsgruppe meinem besten Mann übertragen ..., dann müsste man sich nicht nur Gedanken machen, ob jener Ermittlungsgruppenleiter bei der Anzahl der gemachten Fehler für seine Aufgabe geeignet ist, sondern ob die ganze Dienststelle ...

Eine Anmerkung zum Schluss: In der sogenannten Regensburger Korruptions- und Parteispendenaffäre bin ich der einzige Politiker, dessen Ermittlungsverfahren alle gemäß § 170 Abs. 2 StPO eingestellt wurden, der also alle diese Ermittlungsverfahren mit einer „weißen Weste" überstanden hat. Drei andere Politiker, zwei von der CSU, einer von der SPD, wurden mittlerweile rechtskräftig verurteilt. Auch wenn das Thema Korruption dabei nicht im Vordergrund stand, ist es doch im Zusammenhang mit den Verstößen gegen die gesetzlichen Vorschriften zur Parteienfinanzierung, das den Hauptgegenstand der gerichtlich festgestellten Schuldfeststellungen ausmacht, immer im Hintergrund gegenwärtig.

Mein Nachfolger im Amt des Oberbürgermeisters, Joachim Wolbergs (SPD), hat während seiner Vernehmungen vor Gericht erklärt, er könne feststellen, dass ihn während seiner Amtszeit nicht nur niemand korrumpiert habe, sondern dass das auch in dieser Zeit nicht einmal jemand versucht habe.

Ich kann so eine Aussage für mich in Bezug auf Ersteres bestätigen, in Bezug auf Letzteres nicht. Nicht alltäglich, aber doch immer mal wieder hat es Versuche gegeben, Gefälligkeiten gegen Gefälligkeiten auszutauschen, öfter auch mit dem Versprechen, gegenüber einem Dritten, z. B. einem Verein oder auch einer wohltätigen Organisation, eine Zuwendung zu leisten, wenn ein Verwaltungsvorgang mit einem bestimmten Ergebnis abgeschlossen wird. Auch das wäre die Mitwirkung an einer Korruptionsstraftat. Ich habe all das immer strikt abgelehnt. Nach meinen Erfahrungen wird man nicht sagen können, dass Politik in Bezug auf Korruption keine gefahrgeneigte Tätigkeit wäre.

Heute ist Gewissheit, dass die Gefahrgeneigtheit sogar sehr hoch ist, weil durch Strafbefehle und Verurteilungen ganz deutlich geworden ist, dass jeder Amtsträger nicht nur kein Geld annehmen darf – was immer schon klar war. Er darf letztlich auch nicht selbst um Spenden für seinen Wahlkampf werben – das war nach dem Freispruch aus dem Jahr 2010 für den früheren Oberbürgermeister Kremendahl aus Wuppertal bisher noch nicht so eindeutig entschieden.

Heute gibt es darüber hinaus eine Menge von Äußerungen, die einem Amtsträger faktisch verübeln, z. B. bei einem Autokauf die Rabatte, die sonst jeder Käufer bekommt, auch wenn er nicht hart darum verhandelt, in Anspruch zu nehmen. Wohlgemerkt: Der Amtsträger sollte also nicht nur nicht nach einem Rabatt fragen dürfen, er sollte ihn auch, wenn er ihn ohne Nachfrage wie jeder andere Kunde eingeräumt bekommt, zurückweisen müssen. Der Amtsträger sollte also quasi der Einzige sein, der zum ausgedruckten Listenpreis kauft.

Außer dem Risiko, dass solche Vorgänge bekannt werden, gibt es gegen strafbare Korruptionshandlungen kein sehr wirksames Gegenmittel, keine sehr wirksame Sicherung. Außer der ethisch motivierten Haltung, an so etwas nicht mitzuwirken – früher hat man das als Anstand bezeichnet – gibt es keine genügend hohe Hürde für ein solches, keinesfalls akzeptables Verhalten.

Diese Sätze werden just zu dem Zeitpunkt niedergeschrieben, als wie ein Keulenschlag die Meldungen von der Käuflichkeit von Funktionsträgern in und im Umfeld des EU-Parlaments die Menschen vor den Fernsehgeräten in ungläubiges Erstaunen versetzen. Auch die Vorermittlungen der Berliner Staatsanwaltschaft am Jahresanfang 2023 mit der Überlegung, die Aufhebung der parlamentarischen Immunität des Bundesfinanzministers Christian Lindner zu beantragen, machen Schlagzeilen.

Und sofort sind sie wieder da, die Einschätzungen: „Die sind doch alle gleich; die sind doch alle käuflich." Googelt man den zuletzt genannten Fall, bedarf es schon einiger Geduld beim Scrollen in den Suchergebnissen, bis man auf die Meldung stößt: *„Am 27.01.23 gab die Berliner Generalstaatsanwaltschaft bekannt, dass sie „keinen Anfangsverdacht strafbaren Verhaltens" durch FDP-Chef Christian Lindner in Verbindung mit einem Immobilienkredit sieht."* Scheinbar ist die Entwarnung bei weitem nicht so interessant wie die scheinbare Bestätigung der Vorurteile.

Das galt ja auch im Fall des Bundespräsidenten Christian Wulff, der 2012 während eines aufwändig geführten Ermittlungsverfahrens wegen Bestechlichkeit bzw. Vorteilsannahme zurücktrat. Nach der Ablehnung Wulffs, das Verfahren nach § 153a StPO gegen eine Geldauflage einzustellen, erhob die Staatsanwaltschaft Hannover Anklage wegen Bestechlichkeit, nachdem zunächst nur wegen des Verdachts der Vorteilsnahme ermittelt worden war.

Im Eröffnungsbeschluss stufte das Gericht den Vorwurf wieder auf Vorteilsannahme zurück! Wulff wurde freigesprochen; immerhin erkannte das Gericht ihm für die erlittenen Durchsuchungen eine Entschädigung zu.

Im Nachhinein wurde von etlichen Beobachtern die Ansicht vertreten, die Ermittlungen seien überzogen gewesen. Heribert Prantl von der Süddeutschen Zeitung, früher selbst Staatsanwalt und außerdem einer leichtfertigen Parteinahme für prominente Politiker unverdächtig, bezeichnete das Strafverfahren als „ein Muster für Unverhältnismäßigkeit". Daran sei vor allem die Staatsanwaltschaft Hannover schuld, weil sie nicht die Souveränität gehabt habe, das Verfahren nach exzessiven Ermittlungen ohne Wenn und Aber einzustellen. Prantl kritisierte damals auch, dass dem „Ermittlungsexzess" ein „Skandalisierungsexzess" gefolgt sei. Bemerkenswert auch die Einschätzung, dass nach Anklage und mündlicher Verhandlung die Staatsanwaltschaft nicht den Schneid gehabt habe, selbst den Freispruch für Wulff zu beantragen. „Das wäre eine gute, eine versöhnliche rechtsstaatliche Geste gewesen."

Dieses Buch kann leider nicht zu der Überzeugung beitragen, dass es in der Politik keine Korruption gibt. Aber ich hoffe, die Lektüre kann zu der Überzeugung beitragen, dass es falsch ist, Politiker grundsätzlich für korrupt zu halten und dass es falsch ist, blindlings entsprechende Vorwürfe zu erheben.

Ich hoffe, dieses Buch zeigt auf, dass man leider aber auch kein Vertrauen in eine korrekte und fehlerfreie Arbeit der Strafverfolgungsbehörden setzen kann und dass man entsprechenden Presse- und Medienberichten mit gehöriger Vorsicht begegnen sollte.

Ich wäre jedoch froh, wenn dieses Buch dazu beitragen könnte, die Arbeitsprozesse, das Arbeitsethos und die Fehlerkultur in den Strafverfolgungsbehörden kritisch (und selbstkritisch!) zu sehen, daraus Schlussfolgerungen zu ziehen und: etwas zu ändern!

DANKSAGUNG

Dass ich heute auf die Frage, wie es mir geht, antworten kann: „Es geht mir wieder sehr gut!“ verdanke ich der Unterstützung, der Anteilnahme und dem Zuspruch Vieler während 3½ Jahren belastender Strafverfolgungsmaßnahmen.

Zuvörderst bedanke ich mich bei meiner Familie, ganz besonders bei meiner Frau Edelgard. Einen besonderen Dank schulde ich meiner Anwältin, Dr. Annette von Stetten, für ihre erstklassige Arbeit und große Unterstützung.

Ihr und Dr. Stephan Osnabrügge bin ich auch sehr dankbar für die aufwändige und sorgfältige Lektüre des Buchmanuskripts und viele wertvolle Hinweise, ohne die dieses Buch nicht fertiggestellt hätte werden können.

Nie vergessen werde ich die vielen aufmunternden Bemerkungen und Zuschriften zahlreicher Freunde und Bekannten, die mich immer wieder motiviert haben, die mir aufgezwungene Auseinandersetzung durchzuhalten und zu bestehen.